WHEN THE ADULTS CHANGE, EVERYTHING CHANGES:
SEISMIC SHIFTS IN SCHOOL BEHAVIOUR

如何管理学生行为

系统改善学生行为的关键

[英] 保罗·迪克斯（Paul Dix）著

中国青年出版社
CHINA YOUTH PRESS

图书在版编目（CIP）数据

如何管理学生行为：系统改善学生行为的关键 /（英）保罗·迪克斯著；刘卓，吕瑶，刘雯睿译. —北京：中国青年出版社，2023.1

书名原文：When the Adults Change, Everything Changes: Seismic shifts in school behaviour

ISBN 978-7-5153-6710-1

Ⅰ.①如… Ⅱ.①保… ②刘… ③吕… ④刘… Ⅲ.①学生－学校管理－研究 Ⅳ.①G47

中国版本图书馆CIP数据核字（2022）第120156号

如何管理学生行为：系统改善学生行为的关键

作　　者：［英］保罗·迪克斯
译　　者：刘　卓　吕　瑶　刘雯睿
责任编辑：肖妩嫔
文字编辑：严　晴
美术编辑：佟雪莹
出　　版：中国青年出版社
发　　行：北京中青文文化传媒有限公司
电　　话：010-65511272 / 65516873
公司网址：www.cyb.com.cn
购书网址：zqwts.tmall.com
印　　刷：大厂回族自治县益利印刷有限公司
版　　次：2023年1月第1版
印　　次：2023年1月第1次印刷
开　　本：787 × 1092　　1/16
字　　数：150千字
印　　张：12.5
京权图字：01-2021-5211
书　　号：ISBN 978-7-5153-6710-1
定　　价：49.00元

本书赞誉

保罗一直倡导所有教职员工在工作中秉持行为一致、对学生友善的原则。在与他合作的两年中，我们也一直采用这样的原则来管控学生的不良行为，这不仅有利于营造良好的学校氛围，还能够使教师们保持身心健康。有些教师被频繁发生的因学生行为问题引发的内部转介和课后留校所困扰（我也曾有过这种筋疲力尽的经历），对于他们来说，这本书绝对是必读之作。

书中，保罗为当今教育工作者面临的问题带来了全新的解决思路，并提出了可能会让你对自己的一些做法感到羞愧的尖锐问题。他给出的有趣并实用的解决方案，不仅易于实施，而且能够使所有人受益。虽然有时会招来骂声……但书中不时出现的幽默会让你忍不住在火车上笑出声来！

—— 多萝西·特拉塞尔
弗利克斯顿女校校长

保罗·迪克斯以平实的语言讲述了自己儿时求学的记忆和早期的教师工作经历，并阐述了他在许多学校进行行为改革时所获得的经验。这本书提供了很多实用的建议，你可以立刻付诸实践。但是，保罗也明确指出，要想真正改变现状，教师们必须致力于改变自己的行为。书中，保罗会毫无保留地告诉你，为什么不断升级处罚是在浪费时间，为什么你会因学生不愿意屈服于你的意志而越来越沮丧。我相信，读完这本书后，诸如此类令你烦恼的问题都将得到解答。

——贾拉斯·奥布莱恩
卡瓦登豪斯社区学校校长

这本书提出了全新的管理方法。为了学生，你有必要把这本书读完。

阅读这本书，就像坐下来和保罗·迪克斯一起喝喝咖啡、聊聊天。他在书中为你展示了一张路线图，告诉你如何躲避陷阱、改变现状。这本书没有简单罗列快速改变行为的技巧，而是提供了转变思维的方法以帮助教师和学生获得成功。如果你想在教学领域有所作为，就请阅读这本书。

保罗慷慨解囊，为处在不同职业发展阶段的教师们献上了一份厚礼，在看似不可能的情况下，为他们规划出了与学生建立良好关系的蓝图。

——贾兹·安帕法尔
演说家、作家和"应变忍者"

并非所有人都喜欢保罗的想法。然而，一些开明人士意识到，过去管理行为的方式在未来根本行不通，对于他们来说，这本书具有革命性意义。本书值得你反复翻阅，每次翻阅都会带给你一些新的思考。本书可能会让学校里的行为产生翻天覆地的变化。

——罗素·英格比

高镇幼儿园、小学校长

这本书读起来轻松有趣，不仅为教师们提供了实用建议，还提供了帮助教师们实践这些建议的策略。比如，反复使用某些统一说法是保罗的亮点之一，也是我在低年级学生中成功使用的策略。

——丽萨·布莱克本

年级组长、英语学科负责人

对所有教育工作者和从事儿童及青少年工作的人来说，这是一本不可多得的必读之作。

所有学校都应采用这些策略来规划行为，这将极大地改善学生的学习情况，让他们更有安全感，并积极地做出改变。这本书渗透了很多常识，并让我对自己的实践进行了深刻反思。我迫不及待地想与同事们分享这本书，并用事实证明：当教育者改变时，一切都会改变！

——罗布·哈克英

小学助理校长

这本书是所有从事儿童或青少年工作的人的必读之作。如今的学生们，时常会做出一些令人困惑的行为。在开始处理这些行为时，处于职业生涯初期的教师、教育工作者和教辅人员，能够从这本书中发现各种有用的策略和相关阐释。同时，更有经验的领导者也一定可以从中找到锦囊妙计，对当下的行为管理措施进行优化，并在工作中不断实现自我精进。保罗文字精辟，提出了一系列富有挑战性的建议，成功而清晰地传达出他在教育领域广泛而专业的经验。我特别高兴地看到，保罗承认可替代条款学校的员工同样拥有丰富的宝贵经验和优秀实践，他们的价值长期以来都被低估了。

本书中，每一章都主题明确，并附有3个实用的实践清单：小试牛刀、注意事项和锦囊妙计。读者可以反复查阅，以作参考。

——希莫斯·奥茨

教育顾问

在这本书中，保罗·迪克斯告诉我们：如果真的想改变学生在学校的行为，需要教育者先思考自己的行为，以及这些行为对学生行为产生的影响。他以"别找借口"为例，说明了教师改变行为对最容易受到伤害的学生意味着什么，并概述了他对未来的学校如何运作的看法。这本书没有将不良行为归咎于教师，相反，它让教师能够做出更好的选择，并告诉他们如何让学生管理自己的行为。

——苏·考丽

教师、作家

世界级的专业知识来之不易，须经过多年的学习和实践方可取得。这些知识能帮我们看到事物之间的差异，并且，当我们完全置身于这些知识之中时，更能在自己的研究主题中发现他人不曾探索到的观察角度与细微之处。保罗·迪克斯是世界级的行为管理专家，他的知识和经验渗透到了以前未知的领域。他强烈希望能够改变教师的行为，使学生在行为一致、保持尊重和共情的环境中培养品性。作为曾经调皮的男孩和一线教师，他对学生受到的伤害、经历的痛苦和面临的难以承受的挑战都了如指掌。而且，他也清楚地了解重视这些问题的教师应该怎样管理由此导致的行为。

你总能从保罗身上学到一些有用的方法，书中一贯充满热情和同情的话语使这种学习变得轻松愉快。我从这本书中学到了很多，它将塑造和改进我未来的实践。即使对于那些经验丰富的教师，我也会由衷地推荐这本书。

—— 菲尔·比德尔

教师、作家

谨以此书献给
艾莉、阿尔菲和伯蒂

目　录

录目

引 言

目前，备受学生行为问题困扰的教师们所得到的支持，是远远不够的。为了取得"进步"，以迎合英国教育标准局和各种分析数据的要求，教师们接受着一轮又一轮的培训，虽然内容都是换汤不换药的教学方法；同时他们还得扛着绩效和不断变化的标准带来的沉重压力。当问到培训缺少什么内容时，几乎所有教师都会说是行为管理。教师不需要千篇一律的策略，也不需要罚抄写和围着操场跑圈这种建议。他们需要的是行为管理培训，然而这不是简单的清单查阅或半小时的讲座所能解决的。教师们需要的是不断跟进的有效培训，能让他们学以致用，解决学校中存在的实际问题，而不是被轻视、忽略和被告知成绩是唯一目标。

许多学校一味追求考试成绩，缺乏人文关怀，再加上越来越强调"他们"和"我们"之间的文化对立以及无处不在的高风险，我们便酿制了一杯危险的"鸡尾酒"。学生沦为表现"进步"的工具，许多校长不得不向督学隐瞒学生的行为问题，班主任也不能发声。在一些学校，人文关怀只是个别教师自愿自发的爱心行为，他们非常关心学生，无法只为追求成绩而教学。现在，任何不能用成绩来衡量的工作似乎都被看作是毫无价值的。但就在最近，我目睹了体育教师在游泳池里救了学生的命，助教平息了学生的暴力情绪，班主任为家庭发生变故的学生进行辅导，这一切证明了教师的人文关怀能够解决行为问题。

针对行为问题的解决方案正在发生变化，"处罚大军"在争论中败下阵来，同时他们也发现自己受到了孤立。情况与以往不同：学生不再容忍自己讨厌的教师，而家长要求的也不仅仅是课后留校、谈话和停学。

20年前，当莱特老师抓着罗伯特的领子，把他双脚悬空地顶在墙上时，没有人觉得奇怪，但他现在这样做将遭到逮捕；10年前，人们对用恢复性实践取代留校的想法嗤之以鼻，而现在，大家对美国巴尔的摩一所学校用冥想取代留校的做法很感兴趣。沿着这个思路，当我们回想起过去用拐杖打孩子时会觉得很可怕；再过20年，当我们回想起现在采用的隔离、留校和停学等处罚手段时，是否也会一样惊恐?

教师们值得尊敬、钦佩和培养。对教师的尊敬反映在每个学生的眼睛里和课堂行为中。为应对无处不在而又日益严重的问题，教师们有权准备得更充分并接受更好的培训。

如果认为行为管理只是学习一套教师"工具包"中的技巧，那么这种想法是十分危险的。出色的行为和关系管理根本不是技能主导的，它不能通过导入"神奇"的行为管理系统或购买行为跟踪软件而获得，更不能通过把学校称为学院而立即实现。在行为管理中，文化的力量强过策略。因此，形成正确的文化是关键。有了正确的文化，所采用的策略就不那么重要了，而文化是由教师的行为方式决定的。

第❶章

积极的一致性

解决学生行为问题的关键在于教育工作者是否有能力提供简单、高效且完全一致的行为管理原则和实践方法。积极的一致性作为迅速、有效改善学生行为问题的核心，值得所有教育工作者和优秀父母为之努力。一致性能让教育工作者在面对学生行为问题时，做到反应相同、标准一样、表达统一。积极且有效的一致性是明显可感知的，其实践是需要经过用心计划的，因此会带给人安全感。

在教学过程中，人们对一致性的渴望非常强烈。教师和相关专业人员为此反复呼吁，领导为此绞尽脑汁，学生则亟需由一致性带来的安全感。然而，对大多数相关者来说，追求一致性的实践经常是令人沮丧的。校长在年初急切要求制订相关计划，严格要求学生准时上课，或在某天突击检查是否有人佩戴首饰、帽子或存在与学习无关的想法……这些注定是一场徒劳。加之"零容忍"这类口号的传播容易导致师生矛盾不断升级，用不了多久，人们在行动上追求一致性的热情也就冷却了。

一致性能够使学校从一团混乱变得平静有序，同样也能让学校从优秀走向卓越。全体教师保持一致并不意味着限制个体向更好的方向发展，而是为开展真实且精彩的行为实践奠定一个坚实的基础。这种一致性的前提是友善，而不是"零容忍"的独断专横。

作为教师，我们都是从不同的环境中成长起来的，理念也是在不同的经历中形成的。在教师大会上，150名教师可能都下定决心要保持一致："是的！我们必须更加一致！"但其实每个人在离开会议时，对于一致性都有着不同的理解。

过度操劳的教师确实会以非常挑剔的眼光看待各种举措，他们关注的关键问题是：6个月后还会这样做吗？如果答案是否定的，那么他们就会先点头，完成该做的文书工作，然后继续按照以往的模式行事。如果答案是肯定的，那么他们就会转变、适应，并且在得到支持的情况下心悦诚服地接受这些变化。

"我们这里就是这样做的"

无论哪种类型，最好的学校门上都有一个标识，写着："我们这里就是这样做的。"校门外与校门内，对行为的要求是不同的。你的行为在社区或家里可能被认为很得体，但走进学校大门后，你就要遵守学校的规矩了。在最好的学校中，教师们保持着绝对的一致。我不在乎他们的行为管理系统是以行为主义为指导的还是早已过时的，关键在于教师能够贯彻落实，统一表达、统一想法："我们这里就是这样做的。"

无论在最贫穷的社区，还是在最好的私立学校，你都可以找到保持一致的典范，比如"这就是哈罗之道"，或"进入我们学校就要采取我们这里的方式"。最好的教师也会在教室门上张贴同样的标识。真正有效的是一致性，不是试图一次解决所有行为问题，而是决定要培养哪些行为；不是依靠家长来教，而是由学校告诉学生："这些行为会帮助你取得成功，我们不会有所保留，而是倾囊相授。我们也会告诉其他教师应该如何去做。"在那些想要解决严重行为问题的学校中，这种事例每天都会发生，与资源无关，而是与学校的责任心、工作重心及绝对一致的原则有关。

在一些行为失范的学校中，教师们可能也在保持一致，不过是一种反常的一致。他们会有一种"受围心态"，即在不良行为的无情打击下，他们会自然地蜷缩起来，相互保护。

那是我成为全职教师的第一天，在教师休息室里，副校长坐在我旁边。他的开场白很有意思："保罗，我看得出你很有热情，这很好。但我想告诉你别费劲了！"我大吃一惊，请他解释这是什么意思。"你看，保罗，我已经在这里工作了30年，始终在面对一个同样的问题：学生会在家里受父母影响养成一些习惯，而你永远无法改变这一点。"幸运的是，我习惯于忽略这种想法，并下定决心证明它是错误的。

如果教师不能保持正向一致，就可能滋生负面一致。有些案例很可怕，教师一致表现出的不是友善，而是欺凌。比如，有的教师办公室墙上贴着"我弄哭了多少学生"的统计表，这说明教师们的处罚手段严苛，态度也充满了敌意。这就是在控制和态度强硬上保持一致，不仅残忍，而且完全没有必要。

破坏一致性的不仅是人性的弱点，举措的混乱和课程的不断变化也会对一致性造成损害。在学校，过多的举措并不只是管理的噱头，也是一种生活方式。一个好点子被一千个好像更好的想法推翻，实践中的改变只是为了应付检查，而且人们总在说"哦，这已经足够好了"。在这种情况下，没有什么能保持一致，因此也没有什么能变得更好。

　　培养学生优秀行为是每所学校的第一要务。我们应该将重点放在完美行为文化的表现上，并使一致性可感、可听和高度可见，每一天都是如此。教师行为中微小、持续和可见的变化对学生的行为具有难以想象的影响。这句话的意思是：不要被暂时的干扰分散注意力，首先要培养正确的行为。为了实现创新的教与学，教师行为必须保持一致。

　　塑造、完善和调整一致性是一种挑战。我们需要从尘封的文件中挑出上千条有价值的想法，并将其精炼成简单的一致性，使之可行。将规则精简为3条是重要的一步，也是保持一致的关键。当你读到本书第10章，并意识到自己的行为管理原则很糟糕时，就应该立刻删除令人混乱的规则，只剩3条。3条规则很容易记住，可以通过所有教师进行传播，因此大家就会一致遵守。当这些规则能从所有人嘴里脱口而出时，一致性就得到了增强。与此同时，你会想要摆脱对处罚的滥用，取消浪费教学时间的各种低效做法。最好的学校都有严格一致的行为管理计划，框架简单，执行起来也毫不费力。

简单的一致性：见面和问好

　　让我们从最简单的一致性开始：学生如何进入教室。如果你在同事中进行一次快速的调查，就会发现，即使是这种最基本的例行常规也是不一致的。有些人喜欢学生从外面排队进入，有些人则希望学生直接进入；有些人喜欢让学生们把教具摆出来，有些人则希望收起来；有些人喜欢学生先站在椅子后面，有些人则希望他们立即开始学习。第一道关卡就会出现矛盾和混乱。

　　本应简单明了的事情很容易就变得混乱不堪。在一所实行走班制的学校里，要求学生记住每个教师的偏好是完全没有必要的。在处罚为王的环境中，学生们总会担心因忘记某个老师的偏好而被处罚。这样的担心必定会分散学生的注意力。

怎么办？最简单的做法最有效。请教师们在一天或一堂课即将开始时，站在门口和学生们一一握手，就像有客人敲门时你可能会做的那样。我相信你不会坐在沙发上大喊："自己进来吧！"小小的善意或真诚的话语会让到来的学生感到被欢迎。

想象一下，在新学年，大家都能严格保持一致：每天早上校领导都站在学校门口，年级主任站在其他显眼的位置，任课教师站在教室门口，每个人都热情洋溢地面对学生，并握手相迎。当你和助教站在教室门口时，会看到走廊里每个教师都在做同样的事情。想象一下，所有人毫不懈怠地履行这项常规，门口充满欢迎气氛，这对学生、走廊里的行为和整个校园的环境会有什么影响？对社区会有什么影响？家长们会不会开始谈论这种见面和问好的方式？其他学校会不会过来参观？学生会不会更准时地上课？教师会不会觉得受到了更多支持？低年级学生会不会感到更安全？

创新的一致性："精彩行走"

在英国，大多数小学的建筑都有问题。许多学校的建筑都是20世纪70年代建造的，其设计明显未考虑美学因素。英格兰北部有这样一所学校，其外部与上千所其他学校无异，内部却大有玄机。在与优秀的校长一起参观学校时，我注意到一个6岁的孩子从走廊里向我们走来。他昂首挺胸，坚定地迈着大步，双手紧握在背后。我立刻觉得很奇怪，但想了想，决定还是不理会，因为这可能只是一个有点古怪的6岁孩子在玩游戏。

转过一个拐角时，我们遇到了一群9岁的学生。他们蜿蜒着穿过校园去上体育课，每个人都保持着同样的姿势：双手背在身后，昂首挺胸地走着。我意识到这是一个有组织的常规做法，于是问校长这是怎么回事。她骄傲地说："哦，这是'精彩行走'！""精彩行走？"我问道。她解释说："这就是我们学校走路的方式。当我接任校长时，有很多学生喜欢推搡打闹，特别是在走廊里。那些低年级学生总会因此受到不良影响，在上课时无精打采。"就在这时，3名工作人员从休息室走了出来，同样展示了完美的"精彩行走"！

校长知道必须做些什么，所以她教给学生充满爱、快乐和学校自豪感的"精彩行走"。学生们立即接受了，教职员工们也是如此，甚至有家长在走过学校门口时也摆出了这个姿势。当这所学校的教师们参观其他没有这项常规的学校时，总会觉得少了点什么。回来后，他们也总是评论其他学校带给他们的感受有多么不同。显然，他们对"精彩行走"非常满意。

在这所学校，可见的一致性让每个人都感到安全，这种一致性充满善意并遵从所有人的意愿。虽然"精彩行走"是固定、一致和可预测的，但这并不意味着它适合你的学校或班级。你要清楚地知道，你所在的环境中可见的一致性是什么？它们是什么样的？是充满关爱还是意在处罚？

当然，在更具攻击性和处罚性的行为管理系统中，你也可以应用一致性原则。你可以在午餐时间"扣押"那些在走廊里奔跑或推搡的学生，也可以在学校里张贴"禁止奔跑"的标识。经过几个星期的处罚、激烈对抗和信任破裂，学生们可能确实会在走廊里表现得体——在有教师监督时。

只是，如果你能用爱来培养学生，为什么还要用处罚来压制他们的行为？可见的一致性和可见的友善能够促进良好行为的产生。

"不参观校园就见不到校长"

"我想确认一下明天与校长见面的时间，是上午11点，对吗？"

"哦，是的。好吧，上午11点见面，但10点半要来参观校园。"

"参观校园？"

"是的，不参观校园就见不到校长。"

我曾在一次会议上发言，午餐时随便提到我对学校管理感兴趣。还没等我再吃一口饭，就有人邀请我去参观他们的校园，并且当场拿出了邀请函。一所不参观校园就见不到校长的学校会很有趣，于是，我第一次来到了这所为被开除的学生设立的学校。

我到达学校时，本以为会有校长、校长助理或副校长来接待我，但在签到时，一个12岁的学生和一个15岁的学生说由他们负责带领我参观学校。这是我经历过的最好的参观之旅，他们彬彬有礼，见多识广，且言行得体，给我留下了极为深刻的印象。参观结束后，他们带我到校长办公室喝茶吃饼干，15分钟后校长来了。

与这所学校的第一次交流，让我清楚地了解了他们的核心价值观，我真的很喜欢。在其他许多学校，学生要么在跑腿，要么坐在接待处的桌子旁，在地理练习册上写写画画，看起来非常无聊。

在这次参观后不久，一所多学院信托机构成立，它拥有3所为被开除学生改建的可替代条款学校（为被排除在主流教育之外或是被主流自由学校排斥的学生建立的专门学校）。该机构的董事会主席由我来担任。3年后，我仍然担任此职，在撰写本书时（情况发展很快），该机构已经拥有了9所可替代条款学校。

也许"不参观校园就见不到校长"是一所学校需要贯彻的第一个，也是最明显可见的一致性。

海姆·吉诺特关于教师个人行为的一句话总被反复引用，这句话非常准确："我得出了一个惊人的结论：我是课堂的决定性因素。"[①]然而许多学校缺少对教师团队行为一致性的关注。许多人都会把自己个人的行为看得至关重要。因此，要说服每个人调整自己的行为，使之与他人保持一致，改进常规做法和陈旧惯例，会是一项比较艰难的挑战。行为管理是一项团队活动，需要一致的纪律、精神和面貌。为了培养理想的行为，在重要的事情上，教师保持行为一致至关重要。

想象一个这样的世界：所有学校的行为管理原则和做法都保持一致——大家有共同的方法，接受相同的培训，拥有同样的起点和基础，有一套统一的标准，每所学校和每个教师在此基础上进行真实的实践。教师初始培训中的一致性将为教师们的职业生涯提供一个良好的开端。目前，培训机构之间、学校之间没有统一标准，因此我们处理的问题虽然相同，但在培训、行为管理原则和具体做法方面千差万别。

在教师培训中减少对"策略"的关注一定会有所帮助。如果在初始培训中，急于收集各种策略，编制一套独特的个人技巧，就偏离了重点——团队意识、一致的教师行为和共同价值观。

让团队接受一致性

当一项新举措富有合作性和包容性时，你疲惫的同事们会很乐于接受并参与其中。但是，这时不能盲目乐观。因为，往往在新举措刚付诸实践

---

① 出自海姆·G. 吉诺特1972年出版于纽约麦克米伦出版社的著作《教师和学生：给家长和教师的书》，第15页。——作者注

不久，你就会发现，他们中会有人直接就违背了一致性。这些人是在"试探"，就像小查理第5次把铅笔扔到地上一样。新举措的实践难点，在于如何管理那些墨守成规、违背一致性的教师。25岁时，我在一所学校里带领教师们改进行为管理方式，并出台了一些新举措。那时，我不得不与那些经验丰富但是拒绝改变的教师进行无数次棘手的对话，他们因此挺讨厌我的。在新举措起作用前，如果有半点机会，他们就会很得意地反驳我。但看到新举措产生的效果后，他们的态度就有所缓和，这也是我希望看到的。

如果想让所有教师达成一致，就需要投入心力去设计、执行非常艰难的对话，同时还需要有足够的勇气来挑战他们的旧有行为。这可能会让人感觉不太舒服，但不能任由他们随意违背一致性。通常一两次高度紧张、令人痛苦且尴尬的会议，就可以把他们故意破坏一致性的行为控制住。

维护一致性

在英格兰的一所大学中，学生们经常坐在走廊里吃午餐。在走廊里吃午餐不仅很危险，而且每天都难免把教学楼的环境弄得脏乱不堪。学校想让学生们到食堂或者室外就餐，然而，学生们就喜欢走廊。教职员工们曾多次阻止学生们在走廊里吃饭的行为，但均以学生们的公开反抗告终。最后，几乎所有人都无视了不能在走廊上吃饭这一规则。这件事似乎完全由学生牢牢掌控着，教职员工们颇感无能为力。

对于这个亟待解决的问题，我们创办的"核心教育"与该校所有教职员工达成一致，并制订了接下来几个星期的管理计划。教职员工们提高了干预技能，统一了说辞，行为也真正开始转变。大家承诺不会再袖手旁观，但也不希望与学生进行长时间的对话、争执和辩论。这里有两种选择可以考虑：如果可能的话，给学生安排一个更合适的用餐地点；停下来，提醒学生学校"关于坐在走廊里的规定"。

如果学生争论不休或行为失当，每个教职员工都有自己的"台词"，可以此摆脱不断升级的局面，比如，"我现在得走了，你知道关于走廊里的规则，谢谢你的倾听。"至关重要的是，教职员工们认为他们可以停下来、关注学生的不良行为并发出提醒，然后再走开。以前，他们不会停下脚步，是因为手上都有自己的事情，而不是因为不想配合。现在每个人都会停下来，而不是袖手旁观，因为他们已经有所准备，而不是即兴发挥和耽误时间。教职员工们非常积极，学校领导团队也对这种热情激动不已。

变化在圣诞假期后显现出来。在最初几天里，教职员工们按照约定统一行动，没有人对在走廊里吃饭的学生坐视不管。人们经常能看到教职员工们相互支持，冷静地采用一致的说辞，巧妙地转移争论。很快，令人欣喜的变化出现了：食堂里有了更多的学生，室外空间也得到了更好的利用。

然而，即使有了良好的开端，这个问题还是没有得到完全的解决，甚至逐渐失控。一件看似很小的事件，产生了巨大的影响：有人发现两位学校领导对坐在走廊里吃饭的学生视而不见，他们既没有停下来，也没有和学生说话，故意无视这些学生。这件事很快在教职员工中传开，刚建立起来的一致性开始崩溃。教职员工们马上就放弃了这一刚付诸实践没多久的新举措。他们认为，如果领导不这样做，那么自己也不必这样做。一些学校领导似乎认为，这种"全员参与"的做法与自己无关。所幸这件事很快平息了下来，出现了更好的领导模式，大家又恢复了原来的做法，但效果大不如前。

看来，居于高位的领导的行为对此类举措的成败具有至关重要的影响。许多人认为，领导的行为决定了学校的成功与否。如果管理层的行为没有表现出可见的一致性，那么团队行动就会像教师培训结束时手里的便条一样，被随意放弃。

领导力决定成败

K中学在过去几年经历了动荡。该校前任校长在一次引起巨大争议的事件中被免职，学校的混乱局面导致办学质量急剧下降。当新校长给我打电话讨论行为问题时，我清楚地了解到，该校的师生关系正在破裂。许多学生无视教师甚至学校领导的教导，只会满脸厌恶并咬牙切齿地走开。行为管理系统并没有发挥作用，只是让学生钻了空子，小事件加速升级，校内转介室里充满了愤怒的学生。在课堂管理缺乏一致性的情况下，笨拙且以处罚为主导的行为管理原则让情况越发混乱。大量行为干预措施根本没有任何效果。由高薪聘请的行为支持专家、高层领导和心理学家组成的团队，每个星期都要围着桌子坐上一整天，就个别学生讨论数小时，并撰写报告，但收效甚微。

我们与学校领导团队负责人合作，着手为改变现状创造条件。首先我们在校领导会议上否决了原来的行为管理原则，这让他们感到十分震惊，但这也在我们意料之中。我们与校领导一起深入研究，简化行为管理原则，删除毫无意义的规则，形成了所有教师一致认可的"行为蓝图"——在一张纸上就能全部列出的行为管理计划，即所有教师每天应采取哪些行动来管理学生的行为。要想该蓝图取得成效，核心就是教师们可见的一致性，而其中最重要的一致行为就是见面和问好的方式。

第一次参观这所学校时，我清楚地记得，一个学生戴着兜帽，从3名教师面前径直走过，对他们视而不见。教师们下意识的反应是加大处罚力度，准备召开一系列停学会议。但校长对师生都很有信心。我们在学校实施了关于见面问好的新做法：班主任站在每间教室门口，高级教师站在学校大门口，年级主任站在走廊里。校园里随时随地都可以看到教师们友善、热情和积极主动的身影，每天都是如此。教师们积极性很高，因为他们热爱学校，不允许纵容不良行为。

两个学期后，督学组到访并发现了这所学校迅速而明显的变化。学生行为的改善得到了家长、教师和学生们自己的共同认可。数据也证明了这一点：迟到学生比例从2013年秋季学期的5.2%大幅下降到2014年夏季学期的2.9%，短期停学的人数也减少了一半。

在与众多学校合作后，我发现这些学校之间的主要区别在于校领导的领导能力。从学校领导培训教师的方法就可以看出他们对教师持续专业发展的投入。有些学校领导会将行为管理原则和实践公开，接受监督，同时给我提供了用武之地——通过精心准备的现场培训回顾问题并从根本上解决问题，然后采用灵活多样的培训形式进行跟进，以满足个体需求。他们还会制订持续专业发展计划，以便不断为教师提供可持续的、有效且一致的信息。

还有一些学校的校长，他们为教师安排培训，而自己却只在培训当天站在讲台前，热情地介绍完活动就直接走了。你能感受到现场教师们的失望，他们用那种"你知道问题出在哪儿了吧"的眼神看着你。培训是"做"给现场教师们看的，这让他们感觉很不舒服。另外，你有没有注意到，在全员培训过程中，有几次提到重要的儿童保护问题？

当教师们坐在一起，在培训中畅所欲言时，就会发生令人难以置信的变化：他们对行为管理原则和实践进行着真正的反思，并找出需要改进的地方；探讨如何继续坚持那些有效的一致性，并分析哪些一致性是无效的、需要放弃的。

上面说到的K中学就是一个很好的正面例子。校长是最早坐在培训大厅里的人，周围还有其他中高层领导。没有长篇阔论，没有"一会儿见"那种走过场，也没有特殊座位彰显地位，等级被刻意搁置：大家团结一心，目标一致。我们使用"迪克西一致性量化表"（一个简单的1~10量表，放在地板上，并用"年轻人的语言"解释），让每个人回顾他们的进展和有效的工作方式，并思考下一步的计划。量化表中的问题提醒着每个人：大家都在为养成几个月前介绍的关键习惯不断努力。教师培训课程不是单纯的知识灌输，而是启发每个人思考如何才能将好的方法切实融入日常实际工作并继续保持简单的一致性。

实践清单

小试牛刀

站在教室门口与每个进来的学生握手，坚持一个星期。不要把它当成一件大事或一场盛大的表演，只需要简单地伸出手。可能会有一些学生不接受或不理会这种行为，但没关系，伸出手就好。微笑着和学生打招呼，就像你从清晨就开始等待迎接他们一样（反正大多数小学生都认为老师就住在教室储物柜里）。坚持一个星期，并记录学生的评论、态度差异和行为变化。你的新做法能在一个星期后成为常态吗？如果你不站在门口会发生什么？你能让隔壁班的教师也这样做吗？这对走廊中的学生行为有什么影响？学生多久才能注意到其他班级也发生了这种变化？

注意事项

◆ 不要不汇报举措的实践进展情况。确保每个人都能看到那些能显示积极改变的数据。在教室或教师办公室的黑板上，分享学生对变化的积极评价。

◆ 不要将事情复杂化，比如列出一份包含15项日常一致性的清单，这根本不可行。规则要简明扼要、便于记忆。

◆ 不要过度关注团队中尚未达到统一标准的教师。拿着写字板进行"猎巫行动"是行不通的。

◆ 不要在做出一致的改变后，就立刻将注意力转移到其他事情上。如果每个人的注意力都发生转移，就会对刚刚有所改变的事情产生不良影响。因此，必须有人负责持续跟进！

锦囊妙计

◆ 以握手和微笑来迎接所有学生（选择合适的握手方式，不要击掌或碰拳），这标志着一进门，课程便正式开始。

◆ 规则表述得越简单，就越容易保持一致。不成文的一致性规则难以产生好的效果。

◆ 确保班级、部门、院系、学校或学院有一套3条的一致性规则，对那些违反一致性的人应立即进行管理。

在教师大会或与教辅人员的讨论中，定期提醒所有人一致性规则。重点问题重点解决。

　　仍然值得注意的是，虽然他不是有意捣乱，但是当他不在学校时，气氛还是会更加融洽。

——针对14岁学生保罗·迪克斯的学校报告

用反直觉的方法管理班级

如果你想搞砸这个系统，那么就变得成功吧。

杰奎琳·林奇

帕克学园学院学习顾问

出色的行为管理是反直觉的。人们对不良行为最明显的反应，即本能的反应，往往会使情况变得更糟。用简单的大喊大叫来斥责学生是一种本能，但绝不是教师处理不良行为的明智做法。羞辱学生本应该让他们感到羞耻，但对许多学生来说，这似乎会助长他们的嚣张气焰。严厉的处罚或许可以在短期内压制不良行为，甚至可以暂时帮助教师解决麻烦，但并不能教会那些存在行为问题的学生如何改善自己的行为。

无聊的愤世嫉俗者会传播一些难听的言论，比如"学期结束前不要给学生好脸色"，这种无效的课堂技巧仍然有人在用。他们认为，成长到一定年龄的学生（4岁到18岁）应该"知道如何表现"。从大喊大叫，到跟盯反复捣乱的学生，再到在黑板上记名，这些做法都会对学生产生不良影响。管理班级的关键是拒绝受到直觉的影响，要反其道而行之。

作为班主任，你必须不断地与本能作斗争。确实，有时大家都想大喊："把这些该死的事情赶紧干完！"如果这句话真的有用，本书就到此为止了，我就得去找别的工作了。但事实上，不管你说多少次，喊多大声，都没有用。相信我，我们都试过了。

对于不良行为，我们应该尽全力克制自己，不要情绪化地去应对。出色的教师懂得，承认反直觉的作用并调整自己的行为，才能取得最好的结果。从沉着应对因等待时间过长而愤怒不已的来访家长、冷静地转移其注意力，到热情微笑、让每个人都知道自己热爱这份工作，他们深知：教师的行为方式比学生的更重要。

当学生行为失当时，你需要做出他们不希望看到的冷静、机械、非情绪化的反应。你的激情、热忱和兴奋等情绪需要留到学生表现得当时再表现出来，那时能产生最佳效果。

警惕"记名羞辱法"陷阱

在许多课堂中，行为管理的重要手段是无处不在的"黑板记名"游戏，这一游戏代代相传。它的做法很简单：如果学生表现不好，就把他的名字写在黑板上，然后等到学生再次犯错时，就在他的名字旁边打钩（在这种情况下使用这个符号挺奇怪的），继续出现不良行为时就继续打钩。钩的数量表示着该学生即将受到的处罚的强度，比如：从下课后留堂2分钟，到增加留校时间，再到取消足球训练。

一些教师很有"创造力"，简单的"黑板记名羞辱法"已经演变成为画红灯绿灯、白云阳光、通往"天堂"和"地狱"的阶梯等，其目的都是通过在黑板上记名来进一步阻止学生的不良行为。其实我没必要介绍这些，因为每位教师都了解这一方法，而且我想许多人现在就正在课堂上使用它。如果作为教师你想要做出改变，那么我这里有几个问题要问你：

◆ 你是从哪里学到这种方法的？

◆ 你用了多久了？

◆ 有什么研究证明这是一种行之有效的行为管理方法？

我曾经询问在布莱顿大学接受入职培训的教师们：在他们参与的第一次教学实践的两个星期时间里，有多少人看到过这种"记名羞辱法"？超过80%的人举起了手，但上面那3个问题没人能够回答。这是过去遗留下来的方法，当时人们认为在公共场合羞辱学生是在教育他们。一代代教师把这个方法传承下来，虽然这并不是一种好办法，但却一直被使用。许多年长的同事说，这在学校是很常见的做法。

我不相信"记名羞辱法"真的有效。至少，对于那些最具破坏性的学生（主要是针对他们）来说不会有效，因为他们总是陶醉于挑战权威所带来的关注和同伴的追捧。对他们来说，被记名代表出名而不是羞耻。在班级或学校里，要想出名，最简单的捷径就是行为不端，而每个教师的工作难点就是确保这条捷径被堵住。对于在课堂上表现不好的学生，教师需要私下谈话、提醒、警告，或者立即做出相应处罚，而不需要在黑板上记名，也不需要在名字旁画钩、画叉或画云，因为这样做再次确认了学生糟糕的自我形象，给他们贴上了低期望的标签，反而促使他们产生了更多不良思想。有些学生的名字被擦掉了，但好像还留在黑板上，因为同样讨厌的游戏一次又一次地出现在课堂上，他们被一次次写在黑板上的名字仿佛深深地刻在了人们脑海中。

有些教室中贴有精心绘制的奖惩图表，图表里包含着可能引起争议的象征。比如，图的最上面是太阳，一些学生的名字沐浴在完美行为的荣耀中。[1]下面的白色云层中有一些名字，他们几近完美，但没有完全暴露在

---

① 有些学生一直表现很好。对他们来说，这种排名游戏毫无意义，因为他们很容易就能在课堂行为排行榜中名列前茅。课堂的混乱与他们没什么关系，他们的父母已经不再担心自己的孩子会在快要放学时才溜进教室。——作者注

阳光中。接下来的灰色云层上出现了一些捣蛋鬼,他们在云层间跳来跳去,始终无法接近太阳。然而,在云层间跳来跳去可以得到很多关注。灰色云层下面是乌云,乌云上的学生本应该羞愧地低下头,但事实上,他们是由洋洋得意的"刺头"们组成的小团体,在乌云中很舒服,因为他们在班级中的地位得到了巩固。对他们来说,这样的生活更轻松,因为不用思考太多。

这些图表包括各种各样的设计和无聊的比喻:红绿灯、奖牌、梯子、哭脸、红黄牌等。除了强化标签和宣传不良行为外,它们没有任何作用。

明确师生各自的行为规范

随着学生年龄的增长,越来越多的教师认为"学生现在应该知道怎样表现了",好像学生在4岁前就已经学完了行为规范。事实上,这不仅是不切实际的期望,还会严重削弱教师现场管理学生行为的能力。

我们需要反复教授学生符合要求的行为,这在中学阶段十分关键,因为学生会遇到不同的教师。其实这在小学也同样重要,因为学生会面对不同的活动和环境。随着环境、课程和年龄的变化,学生需要回忆和重新学习行为规范。但问题是,这些行为规范往往并不明显可见,教师没有强调,也没有明确讲授。如果学生在一天中的大部分时间里都在猜测教师头脑中的常规或对某项任务的期望,那么就会浪费很多时间,也很容易犯错。

同样,对教师行为的所有要求也不能罗列在冗长的工作描述或雇佣合同中,因为我们只是阅读、签署这些文件,它们被归档后就尘封起来了。但如果没有明确和统一的要求,学校中的教师就会各行其是。

如果你不相信教师的行为会失控,那么就看看下面这几个例子:有一位数学教师坚持认为穿人字拖上班是她的权利；有一位小学教师对一个7岁的学生吼叫："出去！我已经讲完课了！"还有一位教师对一个学生大喊："我不管昨晚你家房子是不是着火了，我现在就要你的作业！"如果不对教师提出要求，就可能出现各种不良行为，从而给学生带来负面影响。

巧妙有效的轻微处罚

过于严厉的处罚会造成很多不良影响，并且这些不良影响会长期存在。如果严厉的处罚接踵而至，学生内心便会产生深深的怨恨，不再信任教师。再重的处罚也不起作用，这一点会令人深感沮丧："他这个星期每天都被留校，但态度仍然没有任何改变！"在意识到单纯的处罚不会奏效之前，我们总是很容易盲目地追求范围更大、时间更长、程度更深的处罚。最近，我在与一所学校合作时，发现他们非常热衷于处罚，甚至计划在星期日上午继续对学生进行留校处罚。一位校领导说："我们下一步就要这么做，因为学生们对星期六上午的留校处罚已经不在乎了。"

更严厉的处罚并不会让学生表现得更好，反而会埋下祸根，将教师和学生对立起来。真正起作用的是直接且迅速的反应，而不是严厉的处罚。你在下课、休息或放学时扣留学生2分钟，对他们来说是非常不愉快的，足以让他们迅速意识到：他们的行为令人恼火。午餐排队时站在最后，不得不坐第2辆校车回家，或者错过与朋友一起去商店的时间，这些不愉快足够对犯下扰乱课堂等小错误的学生起到处罚作用了。最严厉的留校处罚往往要持续一个星期或更长时间，但这完全没有意义，因为最后学生大概率已经忘记自己犯了什么错误，忘记是谁让他们留校的，更不用说留校的原因了。

设置 "表扬板"：用正确的方式表扬学生

设置 "表扬板" 是改变班级文化最简单的方法，它并不妨碍你积极处理不良行为，只是会减少处理的次数。宣传不良行为无济于事，但经常宣传你期望的行为就会对学生行为管理有所帮助。

你只需在表扬板的顶部写上你想关注的行为，比如，可以在经常有学生插话的班级的表扬板上写上 "倾听他人"，用 "文明表达" 来强调礼貌，或者用 "注意举止" 来要求那些在他人面前过于随意的学生。如果你关注的不是社交行为，而是学习行为，那么可以写上 "准确的同学反馈""有说服力的语言" 或 "优秀的作业"。当你看到学生表现优异时，就把他们的名字写在表扬板上。表扬板的目的不是要对某个学生大肆表扬，而是一种集体策略：我们是一个团队，专注于同一种学习行为，朝着同一个方向前进，所以应该努力追求并积极强化你期望的行为。表扬板能够让班级形成一种积极的相互依存关系，但没有奖状，也没有物质奖励。在一节课、一个半天或一整天结束时（视情况而定），力求让每个人的名字都出现在表扬板上。

当一个学生做出不良行为时，他必须为此承担后果；而当他表现优异时，也应该得到正面鼓励。但必须注意的是，不良行为和优异表现二者不能相互抵消。举个例子：如果我车开得太快，并因超速被抓，就会被罚款和扣分。我做错了事情，因此受到了处罚。开了半英里后，我停下来，让一群学生和教师过马路。教师对我微笑，我也回之以微笑。我表现良好，得到了正面鼓励。交警看到后，会不会跑过来主动撕掉刚才贴上的超速罚单？不，当然不会。事实上，这是两个独立的事件，有不同的结果。然而，在许多班级（和很多家庭中），各种或不当或良好的行为被纠缠在一起，以至于难以很好地管理。所以，想真正解决班级里的行为问题，我们务必要做到奖惩分明。

拒绝"行为游戏"：对学生行为奖惩分明

表面上看，"行为游戏"是围绕简单想法的天真创意。然而，对于受其蒙蔽的学生来说，后果难以想象。人们很少能看到行为问题的两面，但在下面的案例中，因为主人公切尔西的父亲是我的朋友，所以我清楚地知道，那些看起来不错的计划和想法是如何出现问题的。

切尔西上二年级时，她的老师第一次给了她一张"特殊行为表"。这张表格的目的似乎很简单。表格有两栏：一栏标上加号，记录良好的行为，另一栏标上减号，记录不良行为。加号栏下面画钩，减号栏下面画叉。放学时，她的老师会统计钩与叉的总数。如果钩多于叉，切尔西就会得到奖励，反之就会受到处罚，通常是在家里受到一些限制。

表面上看，这似乎完全合理。但是，为什么不在孩子做出错误行为时追究孩子的责任？为什么他们不为自己的行为负责？事实上，这样做对任何人都没有好处。

作为成年人，对自己的行为负责并不是指要对着日程表在一天结束时做最后清算，即用你所犯的所有错误与你所做的所有好事进行相互抵扣。你能想象一个7岁的孩子每天都这样做吗？切尔西不仅在7岁时就这样做了，而且还一直持续，直到中学。[1]在她的心目中，每个错误都可以用一件好事抵消，这种认知会严重影响她的行为。这种影响虽然缓慢，但一定

---

① 当然，要想让不良行为在记录表中消失是非常困难的，因为它们太明显了，并且人们总是热衷于记录它们。而良好行为却并未受到如此关注，所以结果往往会出现偏差。对于教师来说，隐藏在混乱中的良好行为更难被记录下来。因此，表格中的结果并不是当天的真实反映，而是教师试图在全体34名学生中紧盯切尔西所记录的情况。——作者注

会产生。

事情在切尔西11岁时发展到了非常令人担忧的地步。有一次，她和朋友在外面玩，晚了2小时才回家。虽然她的父亲想当场发火，但还是忍住了，只是让她去睡觉，并告诉她第二天早上再谈。

第二天早上，切尔西起得很早。她的父亲听到客厅传来一阵忙乱的声音，过去一看，发现她正在使劲地拍打靠垫使之蓬松，他一直在门口等到她做完。切尔西看到父亲，说："看！""什么？"父亲问。"你别想处罚我，看看我做了什么。"切尔西的行为标准已经进入误区，竟然相信任何好的行为都会抵消不好的行为。但是，这毕竟是她多年来在学校里被灌输的思想，那张行为记录表一直影响着她。

现年20岁的切尔西仍然在努力接受她的行为产生的后果。她辛苦地与失败做着斗争，因为失败不能用良好行为来弥补，而表扬一直是一种有利可图的商品，并不是自律能力的真正反映。

有效利用表扬板的9种方法

1. 表扬板的目的是改变学习态度，而不是简单地实现某些功能。确保对学生提高要求，而不仅仅局限于表扬他们已经可以做好的事情。

2. 在表扬板上记名或计分，以表扬那些学习态度好的学生。

3. 不要擦掉表扬板上的名字或分数，如果有学生捣乱就私下处理。学生的名字因良好行为而出现在表扬板上，但不能因为出现不良行为而被擦除，应该采用其他的方法对待不良行为。

4. 学生可以推荐其他同学，并把他们的名字写在表扬板上。尝试在课堂上给学生们15分钟进行推荐，要求他们写出4个一直表现很好的学生名字，并在下课时总结一下。

5. 强调同学责任。表扬板不是在鼓励个人之间的竞争，而是希望全班同学齐心协力，争取让每个人的名字都出现在表扬板上。

6. 根据学生年龄和你的工作环境，每小时、每天或每个星期更新表扬板。

7. 认可学生的努力，而不是取得的成绩。表扬板应该适用于所有人。成绩最好的学生可能永远成绩最好，但是只有当他们表现出应尽的努力时，他们的名字才会出现在表扬板上。

8. 当每个人的名字都出现在表扬板上时，就可以一起庆祝一下，但没有必要过度奖励，这是该活动成功的关键。如果你在下课时给出大奖，那么当有些学生的名字没有出现在表扬板上时，获奖的学生们就会受到责怪。我想，你也不希望学生认为"她让我们错过了奖品"，或者更糟的是"我们会在休息时间找他算账"。为了保持班级里互帮互助的气氛，下课时小小庆祝一下就可以了。你会发现，当所有人的名字都很有可能出现在表扬板上时，更多的学生会选择帮助那些表现相对一般的同学。

9. 通过表扬板，坚持不懈地寻找表现出正确行为的学生。

避开"代币法"旋涡：给予学生恰当的奖励

使用学分或评分系统来奖励个人的"代币法"，永远不可能保持一致。它总是奖励成绩最好的人或处罚表现最差的人，即最"显眼"的学生，而且容易被教师和学生滥用。

有些教师在课上大量使用代币，发放的代币如雨水般倾泻而下，将学生淹没。但是他们只管一股脑地发放代币，却不做记录，更不用说区分具体情况了。虽出于好意，但通常没到一个星期代币便会贬值。相反，也有些教师以自己很少使用代币为荣。除非极特殊情况，否则他们就会把代币锁在盒子里，放入储物柜深处，不再拿出来。

具体到某个教师，奖励也可能反复无常。例如：星期一早晨，我慷慨地奖励学生；星期二，我的印章不见了；星期三，我感冒了，一整天都看学生不顺眼；星期四，代课教师找到了我的印章，疯狂地奖励毫不知情的学生；星期五，我吃了柠檬味的止咳药后，又恢复了常态，慷慨地奖励学生，称赞其他教师。

代币法很快就会使行为管理计划出现不一致。它将学生根据分数高低分组、将教师根据慷慨程度进行分组。学生们知道如何利用漏洞，确保他们在正确的时间被正确的老师看到在做正确的事情。随着积分的增加，新的奖励等级形成，比如：白金、钻石、氪星石。如此一来，黄金和非黄金等级的学生之间的差距也越来越大。

摆脱代币法吧，因为它不能像真诚的赞美或全班的掌声一样，对行为实践产生任何益处。如果和任何一个家长提起代币法，他们都会说："得分最高的总是那些顽皮的学生。"的确如此。那些经常捣乱的学生巧妙地降低了获得奖励的标准，从而使代币贬值。他们不捣乱时，很容易得到奖励，但这并不会让学生养成良好的行为习惯。太多教师都掉进了这个陷阱，让学生在短暂的平静中获得了过多奖励。正如切尔西的例子，使用加分与减分的方式意味着一些学生可以从星期一到星期四都表现得很糟糕，然后在星期五扭转局面。

奖励一百万分！

我曾与一所小学合作，该校很久以前就意识到，代币法不仅在执行上会产生很大差异，而且会造成负面影响，所以他们现在给学生和班级"随机"打分："阿姆贾德，45679分。这简直太棒了！""3R班排队的方式太好了，134000分！""今天晨会上，大家表现特别出色，每班500万分！"教师们喜欢给予表扬，因为他们被允许表现出激情四射、热情洋溢或者风趣幽默，而分数只是为了强调认可。学生们则只是喜欢这个游戏，而不是期待物质奖励。在一个星期结束时，学校会对分数进行复杂的计算，并宣布获胜的班级。在大多数学校中，持续存在着一种公平竞争的假象，而这所小学已经打破了游戏规则，每个星期都有不同的获胜者，所有学生都能够参与其中，享受乐趣。

意想不到，但有效的奖励措施

参加培训课程并调整思维以适应课堂是教师的基本工作，有时，我很幸运地看到了他们调整的内容和方式。

一位获得A级心理学证书的老师曾写信给我说，她问学生们想要什么作为班级奖励时，学生们说他们真正想要的是"故事时间"。她有点惊讶，因为大多数学生都已经十八九岁了。但她还是接受了这个请求。在每个星期五，她都会用15分钟的时间给全班朗读他们共同选择的故事。几个星期后，一个学生建立了"阅读角"，还带来了为"朗读专用椅"准备的垫子，其他学生则贡献了供大家围坐在一起的小地毯。她表示，虽然有点奇怪，但全班同学对阅读课的积极性都很高。我对她说，我认为有必要对此进行一些心理研究。

还有一位教师，她对学生上课迟到感到十分沮丧，并想尽一切办法来解决这一问题。当威胁、责骂、处罚、交给其他教师或校领导处理和大发雷霆都不奏效后，她决定用不同的方式来解决。这次她没有面目狰狞、不耐烦地跺着脚在门口迎接学生，而是准备了一些普通的信封，每个信封里都有不同的任务，可能是你给小孩子的那种任务，比如发资料、搬桌子、分小组等。

学生们迫切地想得到这5个信封中的1个，看看自己会得到什么任务。他们非常热衷于这项活动，不再故意绕远路去上课，不再偷偷抽烟，也不总想着要课间休息。事实上，为了成为第一批到教室并拿到信封的学生，他们简直要跑着去上课。没到一个星期，这位教师就解决了迟到问题。

看来，如果有机会打开"神秘信封"而不是受到处罚威胁，学生们更有可能准时上课，因为热情的欢迎更能激励他们。

"躺在地板上的学生"

我第一次见到罗伯特时，就觉得他不是省油的灯。虽然我没有经验，但也不是白痴。与他的第一次交手令人难忘：他坐在教室后面，穿着大衣，戴着兜帽和耳机。我尽量保持冷静自持，轻轻地走近他，弯下腰，用尽可能轻柔和随意的语气说："罗伯特，如果你不介意的话，能把外套脱下来放在椅背上吗？"就在这时，他突然发怒，把桌子掀翻，把椅子扔到教室的另一边，在3秒内把他知道的所有脏话（有些我都不知道）在离我的脸1英寸远的地方骂了出来。接着，他把门一摔，震得门框摇晃，跑出教室后冲到学校对面，踢飞一个废料桶，最后点了一把火。我站在废墟中想："我只是让你把外套脱掉啊！"

小时候我曾认为自己是一个"坏孩子"，逃学、在伦敦四处游荡、去苏豪区的游戏厅从那些狡猾的家伙手里骗10便士（在这里你应该注意安全）。但和罗伯特一比，我明显相形见绌。有些新人教师自以为大声命令就能让学生乖乖听话，但他们对付不了罗伯特，因为他的应变能力太强大了。

事实上，我很快就预测到了罗伯特的行为模式。他走进教室，大放厥词，乱扔桌椅，然后离开教室，让我根本来不及吸引他的注意。当我向其他教师寻求帮助时，他们都说："哦，别担心，他对每个人都是这样。"但我偏不信这个邪。我当教师是为了能对学生施加影响，而不是敷衍了事。既然没有得到任何我认为有价值的帮助或指导，我决定自己解决这个问题。我对罗伯特的父母不管他们的孩子这件事一直很不解，于是我决定从他的父母入手。

在罗伯特又一次制造混乱后，我在学校的车道上大喊："我要去见他妈妈，彻底地解决这个问题！"我想如果把罗伯特过去几个星期的种种行为告诉他妈妈，她一定会立即采取行动。我已经在脑子里构思好了，知道自己想说什么，也知道想要的结果。而且，当我往他家走时，发现自己并不孤单，因为同事苏要和我一起去。想到她很有经验，我稍稍松了口气，但我觉得她只是会给我提供一点精神支持。我相信我能够说服罗伯特的母亲支持学校的做法。

当我们经过一户户人家时，听到每家人都在喊着："史密斯老师来了……史密斯老师来了！"我问苏："你以前来过？""也就来过几次。"苏笑着回答道。到了罗伯特家门口，我还在排练我的一套台词，仍然觉得他在学校的行为问题马上就会得到解决。毕竟，在我13岁时，如果教师来家访，我妈妈绝对会采取行动。

当我们走进他家时，才意识到我完全不了解别人的生活。这不是我家，罗伯特的妈妈也不是我的妈妈。他家里什么都没有，所有东西都已经卖掉了。

唯一的家具就是一个小沙发，上面堆满了衣服。我坐在沙发边缘，罗伯特的妈妈递给我半杯热茶。当我要开始早已准备好的演讲时，抬起头看到了她的眼睛，发现她醉眼朦胧，而且大概率是从前一天晚上开始就醉了。我愣住了，对罗伯特的生活感到震惊。

幸运的是，苏来救场了。她和罗伯特的母亲亲切交谈，很有人情味。她解释了目前罗伯特的一些问题，并说我这位新教师正尽全力帮助他。很明显，像所有的母亲一样，她也希望为罗伯特提供最好的条件。但是，她没有能力为其他人做任何事情。当我们离开时，我向苏道歉。"对不起，我认为这次家访不能解决问题。""不，会有用的，只是不像你期望的那样。"她回答道。

在接下来的一个星期里，罗伯特并没有太大的改变，但他坐下来听了我的课。你可以想象，这其实是把双刃剑。我当然希望罗伯特能来听课，但这也使教学变得更有挑战性。我很幸运，他所在的小组帮他取得了一些进步。虽然罗伯特不愿意完成书面任务，但在口头表达和动手能力方面越来越强。他对我不再那么咄咄逼人，也没有那么快就表现得蛮横无理。几个星期后，我们取得了实实在在的进步。虽然可能不是督学所欣赏的那种，但对罗伯特来说，确实进步明显。

其他教师过来找我，和我在安静的角落里交谈。他们低声说："你是怎么做到的？他总在我的课上捣乱，你是怎么让他在你的课上好好表现的？"我说我已经和他的妈妈谈过了，而且对他的处境有了更多的了解。但他们却说："好吧，我不是社会工作者。""不要做家访，你可能会受到攻击！"

随着时间的推移，我和罗伯特之间的信任不断增加，这种信任成为我们生活中一股向善的力量，这一切都始于第一次家访。

为什么不是每个教师都愿意以自己的方式与家长见面？为什么学校不取消一个培训日，让教师到学生家里去看看？家访会帮助你深刻理解问题，并从此改变与学生之间的关系。

据"核心教育"团队成员迈克·阿米格说，罗伯特就像那种在你面前躺在地板上的学生。大多数教师只是看到一个躺在地上的学生，在跨过他之后问道："你躺在地上干什么？快起来吧。"但罗伯特需要的是教师伸出的手——无条件且不会收回的帮助。问题是，罗伯特让大家非常失望，教师们表现出的常见反应就是很快收手，不再帮助他。

我们都知道，当学生第一次不讲礼貌、不完成作业或捣乱时，教师就会撤回他们的帮助。而优秀的教师会处理各种不良行为，但永远不会收回伸出的双手。像罗伯特这样的学生正在测试教师是否可以信任。他想知道当他的行为让其他人撤回帮助时，谁依然会向他伸出双手。那时，他将牵着你的手和你去任何地方，向你学习一切，并很快取得进步。

像罗伯特这样的学生首先会跟着教师走，然后才会遵守规则。如果你用规则、处罚和愤怒来对待他，他就会坚持自己的立场，而你永远不会打动他。如果你用善意、承诺、耐心和灵活的方式来对待他，他最终会跟随你到任何地方。

实践清单

小试牛刀

在你的课堂上，有意识地使用反直觉方法解决问题。从以下7种反直觉练习中选择1个，在下个星期试试看。

1. 对待不良行为有意识地保持冷静。

2. 私下纠正所有不良行为。

3. 坚持将名字写在表扬板上，而不是黑板上。

4. 取消代币法。

5. 聚焦采取措施的速度，而不是处罚的强度。

6. 重新审视对个别捣乱学生的持续关注是否适当，成绩单是否是学生唯一的身份符号。

7. 在教学中删除"行为游戏"，并替换为给予学生正向鼓励、重视和归属感。

注意事项

◆ 不要陷入某一突发事件带来的情绪中，不要让直觉反应凌驾于理性反应之上。

◆ 不要不加质疑地采用其他教师的策略。怎么证明别人告诉你的方法对你的班级真的有用？这是卓越创新的策略吗？这会不会仅仅是一个代代相传的老办法？

◆ 不要认为以处罚相威胁可以压制愤怒。

锦囊妙计

◆ 如果校领导拿着垃圾袋到处走，学生就会感到羞愧，于是就会把垃圾扔进垃圾桶。

◆ 在学生捣乱时一言不发。有时，只是坐着等待，在脸上挂着一副"我看你什么时候结束"的表情是最好的方法。（但是等待要有限度。我曾经观察过一位教师，她等了30分钟，班级还没安静下来，最后只能放弃）

◆ 如果在解决问题的"最佳时间"内，你只是给学生贴上"行为不良"的标签，那么它就不再是最佳时间。

◆ 不要将你的情绪与学生行为联系起来。你有可能会让学生们了解到你的情绪走向，而他们中有些人会把这当成挑战你的机会。

> 课堂上，他的注意力没有完全集中，虽然表现还算可以，但总体来说，没有达到要求。
>
> ——针对13岁学生保罗·迪克斯的学校报告

第❸章

刻意“干扰”

如果可以用爱来培养良好的行为，为什么还非要用处罚来压制呢？

以前，我的老师很不喜欢我，那是一种发自内心、带有攻击性、充满愤怒的不喜欢。在我来到新学校的第一学期，他们就想赶我走。当威胁和处罚不起作用时，他们就开始使用暴力来达到目的。对他们来说，这种师生关系是单向的，我需要屈服于他们的意志、冲动和粗暴。他们要求我尊重他们，而他们从来不尊重我。

30年过去了，在那些行为管理过程与学生需求相分离的学校里，同样的态度依然存在。最难管理的行为可能出现在那些有家庭问题的学生身上（见第9章）。那些学生急于寻求与他人的联系，却遭到了教师的拒绝，其后果不堪设想。虽然许多教师明白这一事实，但他们讨厌这种“关系”，因为这个词暗示了教师和学生之间的深层联系，就像我们与亲密朋友之间的关系一样。“关系”一词令人望而生畏，因为它似乎对忙碌的教师提出了太多要求。

虽然随着时间的推移，教师可能会与少数学生建立持久的关系，但对于每两个星期与340名学生见面半小时的个别课程的教师来说，这是不切实际的期望。许多教育顾问以师生关系为主题，建议学校制定关于师生关系的原则，而不是行为管理原则。虽然这个建议具有积极的发展前景，但我担心许多教师会简单地认为这项建议包含的内容太过繁重，偏离了教师本来的责任。教师们可能为此紧张不安，因为建议中提到的做法不仅极有可能难以实现，而且，很难解决像奥斯卡这样坐在后排咬窗帘的学生的问题。

事实上，学生并不希望看到夸张的情感展示或旨在"建立师生关系"的一次性活动。他们不希望在课堂上看到你的个人生活、私人礼物或网络社交媒体账号，也不想来你的办公室喝茶或读你的自传。他们更在意的是微小的细节、日常的关怀、持续的热情和你对他们生活的兴趣——我的朋友海威尔·罗伯茨称之为"干扰"。[①]

给予学生认同与欣赏

我认为通过"贿赂"的方式让学生好好表现不是长久之计。人们真正渴望得到的是欣赏，而不是礼物和虚假的期望。归根到底，奉承和贿赂是骗人的万金油，只是让改变行为的艰巨工作看起来容易罢了。正面鼓励或是"干扰"学生，意味着你知道如何让每个学生觉得自己得到赏识和重视，这需要你的时间、努力和奉献。有些学生通过荣誉发现自己的重要性，比如作品得到展示、在会议中得到大家的掌声或创作的诗歌被作为范文在全班朗读。而其他学生可能会从与教师的私下交谈、额外承担的任务或微小的进步中找到自己的价值。

---

① 详见海威尔·罗伯茨的著作《哎呀！意外帮助学生学习的方法》（由位于卡马森的独立思考出版社于2012年出版）。——作者注

由于每个学生感受到自己被赏识的方式都存在差异，因此，教师需要针对不同的学生采取不同的激励措施。一些所谓的行为专家告诉你，学生想要可以换取奖项、现金和奖品的电子代币。但他们没有告诉你，重要的不是给予什么奖励，而是给予的方式。比如，我可以给你布置一项有点辛苦的任务，但布置的方式让你觉得自己像个国王；我也可以给你50英镑，但拿到这笔钱并不能令你觉得自己有价值。

日积月累，点滴渗透

"干扰"需要成为一种刻意的日常行为，并融入到教学常规中。在缓慢建立正确关系的过程中，教师要对学生做到温和、善良并充满关爱。

作为教师，我们通常会避开那些想要与自己立即建立关系的学生。想象一下，你在邮局排队时结识了一位女士，在你走到柜台前她就向你发出邀请，请你和你的伴侣参加为期10天的邮轮旅行，这是不是会令你感到奇怪甚至不舒服？同样，师生间的友谊也需要长时间的积累，而不是在新生入学日的一个半小时内速成的。

不要想立即建立关系，每天不断渗透才是最有效的。在成人的世界里，这种渗透就是提供帮助、每天亲切问候或发送嘘寒问暖的短信。关系是慢慢建立起来的，如果一方过于热情奔放或急于称赞，那么另一方可能会迅速退缩。这个度很难把握，也很容易出错。

与学生建立积极的关系也是如此。你可以在教室门口亲切地问候学生们，也可以对他们的作业额外赞美几句，或者问一些类似"上个周末在你表哥家玩得怎么样"的问题。这样的做法看似微不足道，实则影响极其深远。

极致的"干扰"

学生转介机构的一位教师告诉我：每天早晨，他向一个名叫里昂的男孩打招呼时，里昂都会大声地对他说："滚开！"但他并没有被辱骂吓倒（在这种情况下，学生说脏话是他们最不担心的事情），每天仍然愉快、热情地问候里昂，每次都得到同样的回应。这种情况持续了一段时间，具体来说是几个星期。每天，不出意料的话，里昂都会收到愉快积极的问候，而他的回复总是"滚开"。

有一天，这位教师决定不和里昂打招呼，只是单纯想打破常规，看着会发生什么。当时，里昂像往常一样沿着走廊走过来，看到这位每天和自己打招呼的教师在老地方等着，似乎没有什么不对劲的地方。里昂已经准备好回应了，但当走到教师面前时，他却没听到问候。里昂停下脚步，死死地盯着老师："嗯……？"他不想走，希望像往常一样听到那句问候。即使是在这样一个看似不得体的互动中，也存有一丝安慰、交流和黑色幽默。

当然，这位教师正好利用了这个机会教里昂如何更有礼貌地打招呼。现在，他们见面时，里昂已经没有污言秽语了。而且，一段时间后，里昂还私下为自己一再无礼的行为道歉了。这位教师知道，在里昂没有准备好礼貌待人时就对他发脾气是徒劳的。他不仅做好准备以自己的方式来问候这个学生，而且还要与之建立融洽的关系。当需要处理次要行为问题时，他就如法炮制了。在里昂知道如何礼貌回应前，他已经完全学会了打招呼、与老师目光交流和接受微笑这些主要行为。

　　不断"干扰"是与学生长久保持融洽关系的关键。识别不良行为很容易耗费大量的精力，会让人陷入永久的恶性循环。我清楚地记得，自己站在门口迎接学生时，曾面色凝重，唠唠叨叨，寄昨日希望于今天（"我希望再也不会像上一堂课那样了！"），或者习惯性地首先关注那些表现不好的学生（不断重复"我已经告诉你多少次了……"）。这真是令人筋疲力尽，而且结果适得其反。

　　学生和教师一样，非常渴望受到重视、拥有存在感和归属感。如果不对良好行为给予赞赏，就会导致他们希望通过不良行为获得关注。道理很简单，大多数学校都明白这一点。但在我参观过的大多数学校中，都有教师在公共场所斥责学生，把注意力集中在学生的不良行为上。为了让学生承认错误，他们甚至在全校大会上对学生进行公开批评。

　　当我在西米德兰兹郡一所存在棘手问题的公立中学第一次担任中学教师时，曾对学生重复着一句口头禅："我关心你们，关心课程，不会离开。"这么说感觉很奇怪，但之所以这么说是因为学生认为教师并不关心他们，毕竟这就是他们一直以来所经历的。他们也不相信教师关心课程，因为他们总是被要求完成一大堆练习题。在他们看来，每一位教师要么毫无征兆地抛弃他们（这所学校对于教师来说是一个很难工作、生存和发展的地方），要么想方设法逼他们屈服。有时确实如此。

　　从学生的目光中，我能看到他们极度渴望稳定的师资和灵活的培养方法。然而，现实让他们只能选择以最具破坏力的方式大声呐喊。

　　在学校，建立融洽的师生关系需要有计划地进行。并非所有教师都能够保持心情愉悦，因为每天上千次的互动所带来的疲惫对耐心消耗巨大。所以，只要求教师具有更好的素养根本不足以解决问题。

　　我曾与多个学生转介机构合作，研究如何构建良好的师生关系。我建议在每节课开始时，教师都站在教室门口。但一位校长认为这一建议并不现实，因为许多教师需要穿梭于不同的教室，所以他们通常不可能站在门口。虽然在路上见面打招呼是一种权宜之计，但她认为还有更好的解决办法。

我们讨论了美国一所学校的做法：在学期开始前，教师们会在每个学生的储物柜上贴一张便条，上面有手写的鼓励信息，比如"为你去年的努力感到骄傲，期待新学期你有更棒的表现"或"很高兴再次见到你，我已经迫不及待地想要和你一起开始学习历史了"。储物柜沿着走廊延伸，对学生们来说，在开学第一天看到这种景象真的能让他们感到自己备受欢迎。

然而，在英国的学校里，储物柜比快乐的语文教师还要稀少。而且，因为可用的储物柜很少，你也不会把贵重物品放在里面。校长决定巧妙利用现有的环境。她参考酒店房间门上"请勿打扰"的牌子，制作了卡片和卡片挂钩，挂在每个教室的门口。教师们可以在卡片上写下对上节课的积极反馈和对下节课的期望。早到的学生会查看卡片，并在经过其他教室时，也会经常看一下门上的卡片。这个创意不仅可以让学生们感到自己"被记住"，还可以将上节课中的一两个关键想法用于接下来的课程。沿着走廊，我们可以在每扇门上看到关心、学习和重视的迹象。

关注并表扬学生的进步

如果因为学生达到最低标准而给予奖励，那么他们就只会追求最低标准；如果因为他们进步而给予奖励，那么他们就会表现得越来越优秀。在课堂上，教师应该反复强调"超越自我"，并在学生做到时给予表扬。比如："霍莉刚才自己把所有画刷都收拾好了，为我节省了很多时间和精力，这就是进步。霍莉，谢谢你，你真是太棒了！"我们可以在颁发奖项、在表扬板上记名或与家长交谈时夸奖学生的进步。将注意力集中在进步的行为上，可以立即改变学生们对自己的期望，这不仅为他们明确了最低标准，还为他们设定了他们通过努力可以触及的更高目标。

如何获取"情感货币"

优秀的教师懂得从学生那里获得"情感货币"，他们知道总有一天会用得到，比如，可以避免危机或平息愤怒。在作业上画笑脸、花时间盖上小象印章、组织旅行、为学生扶住门、在午餐时间与学生下棋、在同事面前总是提起自己的学生、与学生亲切交谈、为学生提供帮助、在学生遇到困难时施以同情……从学生那里获得"情感货币"的机会很多，很容易找到。

一些学生可能需要教师付出好几个月的努力才能慢慢突破师生间的隔阂，但只要坚持，就总会有效的，只是有些教师过早地放弃了。你可以给学生挑战自我的机会，如果他们失败了，你就施以援手，从而获得"情感货币"。做得好的话，正面鼓励的作用日积月累，其影响会胜过稍纵即逝的物质奖励。

表扬信的意义

无论你使用何种形式的表扬信，最重要的是向家长传递积极信息和对孩子的认可。表扬信是对学生的高度认可，也许班上只有一个学生会收到，也许好几个星期都没有人收到。表扬信有两个作用：一个是对在过去一星期或之前课程中不断进步的学生提出真诚表扬，另一个是作为一个好用的战术来促进师生关系的正向发展。

表扬信能够让你与学生一起记录这一时刻：你正在用最优秀的行为、最坚定的努力、最强大的适应能力来塑造他们，也在存储大量的"情感货币"。下个星期，当他们表现不好时，你可能需要和他们重温这一时刻，让他们想想自己到底是什么样的学生。

家长看到表扬信一定很高兴，会对孩子的成就和自己的教育方法感到自豪（有时我认为，表扬信对家长和对孩子一样重要）。家长很可能会给孩子物质奖励，比如礼物、电话费或冷冰冰的现金；还有些家长不用物质刺激也能达到同样的效果，比如允许熬夜、允许带朋友来留宿或在家里吃一顿大餐。关键是向家长传达好消息，并允许他们以自己认为合适的方式奖励孩子。毕竟，对于孩子，父母或其他监护人有自己的一套价值观，作为教师应该给予尊重。

当然，会有一小部分学生的家庭不稳定或不和谐，而教师应该像以往一样，以最谨慎的方式让孩子在学校里尽可能认识到自己的独特之处。

妙用表扬信

捣乱了一个星期后，拉兹万决定在星期五下午乖乖地待上20分钟。如果因此就给他表扬信，那就错了。不过，我们很容易犯这样的错误，因为我们正在训练自己对良好行为做出积极的反应。问题的关键在于反应适度。如果拉兹万在20分钟内表现完美，那么说声谢谢就可以了。但如果因此就为他拉出"本周之星"的条幅，送上庆祝蛋糕，并给他妈妈发慷慨激昂的表扬短信，就不合适了。平衡也很重要。当你奖励拉兹万时，其他学生会惊讶地看着你。他们每天都来上学，举止得体、对人彬彬有礼、对学习全心投入，但他们的家长可能从来没收到过表扬短信，当然学生自己也没有得到过蛋糕和绶带。如果你对通常表现不好的学生采取过度奖励，就会影响到其他同学对表扬信的看法，使他们无法认可其价值和情感作用。

那么，如何既让拉兹万保持进步状态，又让所有学生都认可表扬信的价值？方法很简单。当拉兹万有一整天的超常表现，比如能控制住自己、不搞破坏、不再厚着脸皮顶嘴时，就奖励他表扬信的四分之一。拉兹万可能要花4个星期才能赢得一张完整的表扬信（当然，到时我会给他一张新的，而不是把4份粘在一起），这样才合理。他获得表扬信的速度不能比别人快，但还是要让他有信心。

当午间督导、助教和接待人员也相信表扬信有效时，这就是很好的现象。所有教职员工都需要参与到行为管理中，都需要发现学生的进步，并进行表扬。

来自访客的表扬信

为进一步表扬学生的优秀行为，可以给接待人员一些空白表扬卡。当访客签到时，每人发3张，请他们关注表现优异的学生。在访问结束时，他们应将填好的表扬卡交到办公室，然后由办公室工作人员向班主任或班导师汇报。

来自同学的表扬信

监督同学行为的学生也可以采取同样的方法。与其让疲劳的教师来寻找不良的行为，不如给监督的学生几张空白表扬信。填好的表扬信可以统一放在一个盒子里，以便在表彰会或总结时间读给大家。在最初的几个星期内，需要对这些监督同学的学生和他们给出的表扬信进行仔细监督，确保他们发出的表扬信能够让真正良好的行为得到认可，而不是用来表扬他们自己的朋友。

加大表扬力度的8种方法

1. 张贴海报，寻找好人好事。

2. 让家长扫描二维码查看表扬信的详细内容。二维码可以放在纸质表扬信的右下角或背面。

3. 三角表扬，加速认可。把学生的进步告诉主要教师，让他们也能表扬学生。刚刚接手新班级时，这一点至关重要：通过学生已经信任的教师来传递你的赞美，会产生更大的影响。

4. 在网络社交媒体上发布学生的精彩瞬间，注意不要拍到学生的脸。

5. 在教室门上设一个特殊区域，分享每周的优秀作业。

6. 给在上课时间参观学校的上级领导信用卡大小的表扬卡，请每个人寻找学生出色的行为。

7. 使用带有鼓励字样的纸质腕带。它们成本很低，而且大多数都可以在上面写字或印字。

8. 让学生意识到，自己受到重视是因为努力，而不是不良行为。

重视学生行为管理

我在非洲一所有很多外籍教师的国际学校工作时，看到题海教学法被极力推荐，这令我感到非常震惊。当我随口说练习题这种捷径并不可靠时，有些人认为我在攻击他们精心打磨的教学法。然而，随着讨论的不断深入，这些人意识到自己是在为看起来就站不住脚的事情辩护。他们强调教师的工作多、教学压力大，并且反复提及练习题的优点。然而，练习题是给教师用的，不是给学生用的。俗话说：如果你知道怎么做，那么练习题就是多余的；如果你不知道怎么做，那么练习题也是多余的。

在市中心一所学校观摩科学课时，我再次确认了这一点。当我进入教室时，教师给了我一张令人印象深刻的数据表。这张表列出了所有学生的姓名、年龄、个人需求和阅读年龄。我看了几分钟，发现阅读年龄从8岁到14岁不等，跨度很大，但这种情况并不罕见。在课程进行中，教师发给每个学生一页练习题。几分钟后，我在教室里走了一圈，发现有些学生只是把练习题抄在书上。我相信这不是任务的要求，于是问他们在做什么。"老师，我看不懂，所以先抄到书上。"我仔细检查后发现，上学期的每张练习题都被他逐字逐句地抄写下来，而且每一个看不懂题的学生都会采用这样的方法。下课时，我问那位教师这节课上得怎么样，她说："太棒了，他们表现得非常好！"

给学生练习题然后运用行为技巧进行管理，是一种灾难性的策略。对学生来说，没有什么比发放练习题更能说明教师不在乎他们了。课程质量与学生行为密切相关，但这不是绝对的。

糟糕的高层领导和糟糕的领导团队很容易相信相反的观点，即课程质量就是一切，将责任推到教师身上非常符合他们的需要。对于糟糕的高层领导来说，这样可以转移考虑不周的责任；对于糟糕的领导团队来说，这样可以掩盖他们缺乏领导能力的事实。这是一条极其危险的捷径。责任被推给了那些深陷困境的教师，而他们无法发出自己的声音，被剥夺了权力，却需要承担责任。那些真正有权力的领导反而被免责。

当新入职的教师和实习教师在争议中努力发声时，他们的教学质量却受到批评，而且往往是在公开场合。新教师们没有得到所需要的实际行为上的支持，而是被告知应该完全换一种解决方案。糟糕的高层领导会这么做，是因为他们对课堂上的行为问题一无所知。如果他们试图就行为问题向教师提出建议，无疑会陷入非常尴尬的境地。糟糕的领导团队也是如此，因为他们与课堂经验脱节，无法提供好的建议。在许多情况下，领导们得到的尊重并不是他们自己赢得的，而是由他们的地位赋予的。

经验丰富的教师知道，准备不充分的课程很容易翻车，但他们积累了足够的"情感货币"，可以相应地调整行为。对于第一年工作的教师，以及那些转到新学校的教师（无论处于职业生涯的哪个阶段），行为管理则是他们工作的重中之重。

关注默默努力的学生："热巧克力星期五"

来自校领导的小小善意和"干扰"会产生很大的影响。"热巧克力星期五"这项简单的活动正迅速流行于英国的各个学校之中。"核心教育"一直把马克杯和热巧克力作为一套礼物赠送给学生。通过在网络社交媒体上的宣传和造势，现在有近800名校长每个星期都会与那些表现出色的学生一起庆祝"热巧克力星期五"。很多校长已经把这个活动当做了日常工作。虽然这个活动每星期办一次，一次只需要15分钟，但校长们仍然非常期待这一时刻。

"热巧克力星期五"主要针对那些表现完美却容易被遗忘的学生。

这个简单的做法激发了人们的想象力，很多学校继续开阔思路，产生了一些意想不到的成果：

◆ "本星期热巧克力"展示——在大厅的显眼位置列出受表扬学生名单。

◆ 一个从未品尝过热巧克力的学生说："这是我生命中最美妙的时刻。"

◆ 校长邀请一位表现出色的教师参加"热巧克力星期五"聚会。

◆ "热巧克力星期五"被纳入"休息室最好座位"的派对倡议

中，三四个学生可以坐在沙发上，跷着脚，吃着比萨，喝着热巧克力（好吧，肯定有很多人说这没什么营养，但每个学生每年只有一次这样的机会，所以也没什么大不了的）。

◆ 学生把印有"#HotChocFri"标志的绸带作为外套上的装饰。

◆ 网络社交媒体上，学生在"#HotChocFri"和"#HotChocFriday"话题下发布快乐、自豪、可爱的照片。

◆ 学校制作热巧克力杯、证书和纪念照片，让学生带回家。

买一套卡片送给那些为你或你的学生付出了很多的同事，写上："只是想说声谢谢……"关注他们默默做出的贡献：可能是采取了某种行动，巧妙地避免了学生之间的激烈对抗；或者是有技巧地进行干预，让你能够在课堂上恢复秩序。在领导不力的学校，只有教师在为自己辩护时才会提及行为管理技巧；但在领导有方的学校，所有教师都能处理好行为问题。你可能无法控制他人的行为，但当同事做得好时，你也可以积极鼓励他们。那张你30秒写完、1分钟送出的卡片，会一直激励他们。

给予学生归属感

一所大型继续教育学院在规范基本行为方面陷入了困境。他们面临的最棘手的问题是识别禁止入校的外来学生和其他人员并阻止他们。该学院位于市中心，很多学生的朋友习惯于来这里看望他们。不幸的是，有一次，一大群年轻人擅自闯入学校，并表现出暴力倾向，这次事件闹得人心惶惶。学校因此加强了校园入口处的安保工作，并安排保安每日巡逻，确保不会有外来人员随意进入。

很明显，为执行这一规定，处罚措施是必不可少的。因此，学校大费周章，花费大量资金购买新的通行证（资金来自慈善机构募集到的捐款）发给学生，并让他们在早上入校时上交。校园入口处挂满了"没有通行证者严禁入内"的牌子，牌子上面画着一个人高马大的保安正在指着身材瘦小的学生。同时，保安队也与一些不太礼貌、没有通行证的学生发生了几次冲突。这些学生口出狂言："你跟谁说话呢？你们只是穿着制服、拿着最低工资的人，老兄！"教师们也被牵涉进来。师生们与保安队的关系日趋紧张。保安队最终被调走，然后在另外的岗位上把压抑的情绪发泄在来本地度假的游客身上。

与教师们一起工作一段时间后，我发现，强硬的做法显然没有任何作用，而且似乎会使事态变得越来越糟。我们就学生如何获得归属感展开了讨论。在会议结束后留下的一张A3纸上，我看到有人写道："戴上通行证，展示归属感。"这很好！我们确定了口号："展示你的归属感！"干预应该从正面进行："展示通行证，表现归属感"，而不是"你那该死的通行证在哪儿"。校领导和年级主任代替那些彪形大汉在门口轮流值班，学生会看到他们的笑脸，并听到提醒。对于那些健忘、东西乱丢乱放、不服从管理的学生，给他们日间通行证，这意味着他们不会和那些持有正常通行证的学生拥有相同的入校权，这将让他们感到不便和沮丧。

消息很快就传到了学生的耳朵里。令人欣慰的是，虽然新的要求让学生感到不快，但并没有威胁到原本的和谐。学校鼓励工作人员加强管理，于是学生们开始整天佩戴通行证，而不是在被要求时才出示。

实践清单

小试牛刀

在接下来的30天里，刻意表扬那些高于最低标准的行为。同时，提高要求，并监督学生努力实现。

和学生一起记录这些时刻："你主动捡起了那些外套，这就是进步。干得好，乔。"或者以匿名的方式："有3位同学的作业有进步，特别棒，他们为我们赢得了一张快速通行证，可以让全班午餐时免排队。"

在大会上、表扬信里、证书上或与家长的谈话中，抓住每一个机会强调新要求。新要求可以是对帮助他人、书面作业、校内礼仪、着装标准等事项提出的。

一段时间内，如果学生达到了最低标准，你需要继续用"谢谢"或"这是对的"来表示认可。通过这种方式，新的最低标准不到一个月便会生效。相比之下，实施高标准的进程会比较缓慢，但一定会使学生的表现稳步提升。坚持3个月，其他教师会对你说："你到底是怎么让他们做到的？他们只会对我嘟嘟囔囔！"

注意事项

◆ 不需要因为想要和学生建立积极的关系而假装与他们兴趣一致。比如，你喜欢音乐就足够了，不用带着他们喜欢的乐队的新专辑、巡演衬衫、主唱的同款文身来到学校并记住乐队所有歌曲的歌词，这就太夸张了。这种情况我们称之为"过度干扰"。

◆ 不要只关注最显眼的学生取得的进步，确保所有学生的进步都能得到认可。也就是说，要抑制自己的冲动，不去回应最吵闹或最想引起关注的学生，而是寻找那些默默努力、超越自我的学生。

锦囊妙计

◆ 积极融洽的关系不是一蹴而就的。细水长流，稳定从容，才能成为赢家。你需要尽可能以最巧妙和谨慎的方式让学生知道你的关心。

◆ 只发现学生的良好表现是不够的。如果你想彻底地改变学生的行为标准，就要发现他们的进步，并给予正面鼓励。

◆ 让同事帮助你"干扰"学生。当学生取得进步时告知你的同事，鼓励他们在下次见到学生时提及此事，鼓励他们在办公室积极评价学生。

◆ 鼓励所有教职员工，特别是那些管理人员，把工作重心放在那些让学生感觉到自己很重要、有价值并且有归属感的事务上。引入日常"干扰"行为的理念，在师生间建立强大的信任关系。

◆ 去观看篮球比赛、学校音乐会和戏剧表演，支持室内比赛、参加户外探险、创办学校俱乐部。你的"干扰"不能只是表现在课堂上，放学铃声一响起就消失不见。学生们认识那些经常露面的教师，因为当其他教师离开时，这些教师仍旧会在那里给予支持。其实，那些能够说到做到的教师，学生一眼就能看出来。

他一直在努力学习，但还没有学到足够的知识来摆脱困境。

——针对15岁学生保罗·迪克斯的学校报告

第❹章

教师行为的确定性

善良，谦虚，友好。

　　好了，话说回来，没有人责怪你！有一种观点：强调教师行为至关重要，就是把责任归咎于教师。我从不这样认为。教师确实不是造成学生行为失当的原因。学生在学校中表现出的行为可能是在家里学到的、在社区里做过的。谢丽斯不说脏话就无法呼吸，这不是你的错；同样，你也不需要为卡尔发脾气和戴尔打人负责；但是，你可以通过调整自己的应对方式来让学生行为发生积极的改变。

　　想让学生表现优秀，靠的不是一套策略、一些课堂管理技巧或校领导的"魔法"，而是每位教师的行为，以及保持行为确定性的能力。有些学校为学生制定了大量荒谬的行为规则，而另外一些学校则在关注真正重要的事情：教师行为的一致性。在学校中，教师的行为问题显而易见，但却并非总能受到应有的重视。你可以购买最好的行为跟踪软件，每天实施留校处罚，并随心所欲地大喊"别找借口"，但真正的解决方案在于教师的行为，这是我们唯一可以绝对控制的。

现在，令人感到欣慰的是，当众发脾气的教师少之又少。他们已经意识到这完全是白费力气，对任何人都没有好处，而且这也不是面对学生应有的态度。然而，仍然有5%的教师对学生具有攻击性，这与扰乱他人学习的学生比例相同。如果不加以制止，这些教师的行为就会像钱特尔不停说脏话或达伦开启骂人大战一样影响更多的学生。这5%的教师会在上课后的30秒内对学生进行各种处罚，咄咄逼人地斥责学生，好像自己真的厌恶他们。这些教师对积极的行为管理也不以为然。他们用"胡萝卜加大棒"的方式来改善学生的行为，但在操作中，往往没有"胡萝卜"，只有沉重的"大棒"。

教师行为的确定性会给学生的行为带来快速而显著的变化，但是这也常被用来证明处罚的有效性。教职员工们会因此忙着去按标准实施严厉处罚，并强化"不许顶嘴"文化。当然，牺牲品就是那些"不服从管理"的学生。如果有些学生一开始就不听话，那么就会被学校劝退。仿佛他们转学了，麻烦就被转移到别处了，学校就清净了，在公众面前就更有面子了。这种现象令人难以置信，但却普遍存在。

当然，那些反对以处罚为主的管理方式的学生，在善良、冷静、具有一致性的行为管理文化中会表现得更好，其他学生也会喜欢这种文化。

> 在一些学校里，从七年级到十一年级，退学人数超过了在该校完成中等教育人数的50%。[①]
>
> ——菲利普·奈伊

---

① 出自菲利普·奈伊发布于英国教育数据实验室官网的文章《离开的是谁：主要发现》。——作者注

虽然教师们拥有许多共同的价值观，但与行为有关的价值观可能更复杂。这些价值观来自他们每个人工作过的学校、小时候的学习经历、为人父母的经验以及个人信仰，并被他们各自所珍视。因此，你需要给他们一个妥协的理由，引导他们追求更高的目标，并为他们重新树立这样一种观念：大家团结一心时，力量会更强大、步调会更一致；每个人都妥协一点，就能向学生传递准确无误的信息；教师们价值观一致，才能使所有人受益。

为了团队的利益，有些教师需要调整自己的喜好，有些则需要在别人的帮助下磨平自己的棱角。当教师们的价值观相互融合，即当价值观和实践并行不悖时，真正的一致性就会出现。虽然一开始每个人在价值观上还会有所不同，但到了课堂实践的时候，就会相互融合了。

控制情绪是第一要务

当教师的行为摇摆不定时，就会产生很多潜在风险，间接地给他人带来相当大的工作量。

举个例子：教师情绪失控，意味着他们需要马上得到支持、做出处理决定、对学生进行留校处罚、与家长会面或隔离学生。这一切的代价是什么？如果当事教师一直坚持"除非这孩子道歉，否则我教不了他"的观点，那么他消耗学校资源的速度会比马龙在教师走过时往桌子底下藏手机的速度还快。

在你的学校或学院中，教师情绪失控的成本有多高？

教职员工	成本	总计
学校领导团队成员随时待命	5英镑/10分钟	
年级主任或班主任密切关注某学生的动向	3.5英镑/10分钟	
做出处理决定或进行调查	3.5英镑/10分钟	
学校领导与家长沟通	5英镑/10分钟	
行政团队撰写材料	1.75英镑/10分钟	
两名教师组织恢复性会议	6.6英镑/10分钟	
每次失控的总成本		

学习专家级教师的确定性

你有没有注意到，有些教师似乎不费吹灰之力就能纠正学生的行为：可能只是抬抬眉毛，可能是做个小手势或只说一个词。学生在走廊看到他们时，行为便会自动纠正，就像听到《哈利·波特》里的咒语"Behaviourarmus"一样。这些教师的行为管理似乎有魔力。这是因为，除了与学生建立融洽的关系，这些教师也建立了绝对的确定性，多年来都是如此。学生知道，他们会因为取得进步而受到表扬，而且对此深信不疑，就像确信不良行为会造成严重后果一样。

对于杰出的行为管理者来说，确定性是重中之重。许多人将确定性与严格或强硬混为一谈，与大量制裁行为和严厉处罚联系起来。其实，真的没必要对学生发怒或进行攻击，因为确定性本身就足够有效。当你与经验丰富的教师交谈时，可能会惊讶地发现，他们根本就没有使用处罚。因为，他们一直追求的是行为的确定性，而具有确定性的行为正是大家期待的，应该受到尊重，无须质疑。

英国教育部之行

星期四的下午3点，我的电话响了，是英国教育部让我过去。我的脊背一阵发凉，想着是不是做错了什么，说错了什么，还是可能得罪了谁，因为他们此前从未给我打过电话。

在电话里，他们告诉我：过去几个月，一支由教育学家组成的专家团队一直在研究制订教师行为标准，他们已经准备好在明天早上发布这些标准。"太好了！十分期待。"我回应道。然而令我没想到的是，他们说："啊，我们非常希望你能来帮助我们。你看，我们现在对行为标准不太满意，可否请你今晚过来重写一下，明天早上提交。"

我14岁时曾自不量力地发誓，要转变教师管理学生的方式。现在，我同样清楚，转变管理方式将改善许多学生的学校生活。这一刻，我意识到机会终于来了。

下午6点半，我到达了他们的办公室。办公室里的人都走光了，我被带到一个房间，看到了拟定的标准。我连夜重写，但并没有花费很长时间，因为从很久以前我就开始思考教师行为标准了。次日早晨提交时，我很想知道我写的是否能满足他们的要求。结果，除了一条标准外，其余的他们都很喜欢。真的太好了！我一直觉得我得到了一个得天独厚的机会，可以对教师教育的发展方向产生积极影响。

被否定的那条标准，是关于教师情绪控制的，是我写的第一条，也是我认为最重要的一条。我能理解为什么他们很难接受这样的标准，也能理解一些英国教师工会可能存在相关的问题。然而，这仍然是学校行为管理的核心。

这可能是我最后一次接到这样的电话，当然我希望不是。我仍然认为，在明确对教师行为的要求之前，人们首先解决的永远都只是枝节问题，而不是核心问题。

那条被否定的标准是这样表述的："在解决学生的不良行为之前，先控制好自己的行为和情绪。"但我真正想说的是：

请完全摆脱负面情绪，保持职业理性。拒绝生气的表情、愤怒的语气和尖锐的字眼，不要大喊大叫，指指点点，并摆出高高在上的姿态。即使学生表现恶劣，也要尽量保持平静状态，仿佛没有感到震惊。如果你在30天内能抑制情绪化的反应，这种做法就会成为你的常规，即使在最极端的情况下，你也能轻松、正常地管理学生的行为。

自己的学生自己管

把学生交给其他教师处理，与你试图建立的确定性背道而驰。面对越来越恶劣的不良行为，教师会以一种看似合理的态度对学生说："我管不了你，我要把你送到萨维奇老师那里去。"学生离开教室，砰的一声关上了门。你忍住了冲动，没有跑到走廊上大喊："你怎么敢摔我的门！"这时班级里一片沉默。大家都很清楚，你已经说了很多，但无法解决这个问题，而且很明显，你建立的确定性也有局限。看到一群群捣蛋鬼，萨维奇老师感到很高兴，因为他的地位再一次得到了认可。对一个个闷闷不乐的学生进行劈头盖脸的大声训斥让他很有成就感，因为他是在帮你。事实上，每当你让别人替你管教学生时，都是在破坏师生关系，并削弱自己的权威。

当然，除了把学生送到资深教师那里接受批评，等学生"改过自新"后再接回来，另一种选择就是不去忍受他们的恶劣行为，自己参与到行为管理的过程中。以下是两个有用的原则：

1. 如果我把学生送到同事那里，我不希望大家议论纷纷。我只希望他们能帮我监督一下，等我有时间会再和学生交谈。

2. 如果我需要同事的帮助，我希望我们能够在学生面前并肩作战。

为了吓唬学生而把他们送到严厉的副校长那里，当时可能感觉很好，但并不理性。因为，这对学生产生的负面影响可能需要几个星期或几个月才能消退。

建立确定性的10种方法

受到伤害最大的学生最需要明确的行为标准。对他们来说，正是持续的确定性让他们感到足够安全，以至于可以继续踏实学习。保持确定性对教师们来说是一种特殊挑战，因为他们知道，其实没有什么是确定不变的。在做每一个决定时都保持确定性，不是一件容易的事，尤其是刚接手新班级时。

教师的确定性是课堂教学的坚实基础，因为确定性可以消除学生的焦虑，并创造安全的环境，让学生更好地学习。

建立确定性的10种方法

1. 当学生的行为恶化时，首先处理最初发生的主要行为，然后再处理次要行为。

2. 在教室墙上明确展示教师需要始终贯彻的标准，让学生帮助你保持一致。

3. 用一种理性的固定反应来处理不断升级的不良行为。

4. 给家长打电话，让学生把表扬信带回家，以加强正面鼓励。即使对于最混乱的家庭，这种做法也很有效。

5. 为个别学生和难以管理的活动制定规则、常规和程序。

6. 对恰当行为和失当行为要奖罚分明。把学生的表现告诉家长。没有做到这些时，要认识到自己的错误。

7. 与学生谈论他们的行为时，可以这样说："如果你能够坚持完成全部任务，我一定会给你表扬和奖励；但如果你无视规定、在桌子下面搭房子或者啃橡皮，我一定会处罚你。"

8. 当你重蹈覆辙，行为不一致时，不要对自己过分苛责，向学生道歉并恢复原来的习惯和常规。

9. 处理小问题时，不要动用高级别资源实施严厉处罚。事实上，你这是在喊"狼来了"。当碰到必须严厉处罚的行为并需要帮助时，同事们可能就不那么想对你施以援手了。

10. 争取在学生做出不良行为当天进行处罚，以便他们每天都能从零开始。

维持可见的确定性

假装确定意味着有时你需要说服学生，要让他们相信你知道如何解决行为问题。在你可以灵活处理各种行为问题之前（我也还没有做到这一点），有必要设计一些标准的应对措施，在不自信时使用。运用以下简单话语，在需要思考应对办法的高度紧张的时刻，为自己争取一点时间：

◆ 我稍后再回来和你谈。

◆ 我先离开，大家都冷静一下。

◆ 我觉得我还没有完全了解情况，无法做出决定。

人们无法控制自己的情绪时，就会开始想要控制别人的行为。在管理学生行为时，心态至关重要。你的价值观和信念会影响你与学生讨论行为问题的方式，而讨论行为问题的方式又会决定应对行为问题的方式。认为学生理所应当尊重教师的学校，和认为教师应该赢得学生尊重的学校，在处罚风格上是有所不同的。认为学生需要得到应有对待的学校，和认为学生需求应该得到满足的学校，对不良行为的反应也是不同的。

如果你认为处罚有效，便会不断升级，在课堂上你就会这样：当你认为凯尔扔椅子的行为是英国衰败的表现，象征着我们将走向衰落，文明世界即将消失时，你的信念便会驱动着你的反应，为你与学生之间的对话定下基调。不要把这种自我带进教室，优秀教师在课堂上是没有自我的，因为课堂焦点不在他们身上，不在他们的感受、问题或态度上，而是在学生身上。管理学生的行为这件事本身已经很复杂了，教师不应该再把自己的沮丧、偏见和日常情绪变化掺进去。

大多数教师很少接受行为管理培训，即使有也是间断的，而不是持续的；是东拼西凑的，而不是精心安排的。我经常遇到一些培训教师，他们只提供半小时的行为管理培训，用"每位教师都需要找到自己的方式"当借口来推卸责任，令人难以置信。因为行为技能不是自然而然就能掌握的，而是需要学习的。人们并非天生就善于管理不良行为，需要得到指导才行。

就像那5%的问题学生一样，教师中的极少数人也无可救药。为了让每个人受益，一些学生和教师需要换个环境。尽管有无数的方法、明确的要求和不间断的帮助，但有些教师就是不想改变。其实，大多数陷入困境的人可以采取不同的行为，选择不同的道路。就像那些问题学生一样，在教师的帮助下可以自己解决问题。

不良习惯、过度反应、愤怒成瘾和缺乏同情是人之常情，与年龄或性别无关。为什么不像对待淘气的学生一样对待愤怒和苦恼的教师呢？学校应当采取相同的方法对待教师的行为问题。

你可以保证每天做出哪些优秀行为？前半个学期，只要做到3种就足够了。你需要仔细选择能对学生的行为产生最积极影响的那些，它们可能是你还没习惯在工作中表现出来的行为，也可能是你意识到需要调整的行为。选择取决于你学生的年龄、你的性格、工作环境和校园文化。你的目标也必须是可以实现的，如果是每天一直保持微笑，那么一定不会实现，学生可能会问你："老师，你是不是又看了一本教学法方面的书？"

避免轻率的处罚

一次，我在巴西圣保罗给家长们做培训。培训结束时，一位母亲走到我面前，看起来有点羞愧。她说："你说的就是我，怒火狂飙，做出不当处罚后，还不能坚持到底。有一天晚上，我13岁的儿子晚了将近1小时才回家。天很黑，我非常担心。他带了手机，但没有给我打电话。我急疯了，给他所有的朋友都打了电话，还准备报警，因为圣保罗晚上不太安全。这时，他大步走进家门，我失去了理智，冲他大喊大叫，愤怒之下决定让他禁足一整年！"

"那么，结果如何呢？"我笑着问道。

"现在已经过去两个星期了，我想让他出门，因为他天天在客厅里'安营扎寨'，霸占着电视。他的朋友们也经常过来。还有50个星期才能解除禁足呢，帮帮我吧！"

尽管愤怒时你可能会选择最严厉的处罚，但还是要忍住。罚不当罪或随意处罚都会破坏一致性。学生需要能够预测到教师的反应，以预料到自己行为的后果。而且，他们强烈追求公平，所以"你这辈子都别想玩游戏"的处罚让学生无法接受。当教师行为不一致时，最容易受到影响的，往往是那些不得不生活在混乱之中的学生。可能只有你才能让他们感受到确定性。

当教师一致决定改变他们的行为时，会带来难以置信的积极影响。

一所学校内发生的转变

教师行为的转变会对学生的行为产生巨大影响，会让学生对自己的行为举止更负责任、更深思熟虑。同时，学校不再那么喧闹，教职员工也发生了明显的变化。现在，我们齐心协力，团结一心。

所有员工的工作证上都别着"黄色笑脸"徽章，学生对这种积极氛围反响热烈，同时对公平的对待反应良好，做出不良行为后，也能够正确认识并接受后果。他们只需要理解并反复按照教师制定的3条规则去做（正如X女士所说，当教师在大会中提出这些要求时，即使是托儿所的孩子也会重复并理解这些内容）。我们发现，如果学生能够遵守这些规则，就不会浪费学习时间。午餐督导也完全接受了这个方案，并在管理学生行为的方式上与之保持一致。

我们采用了多种方式来检测效果。我们在教职员工中进行了问卷调查，也请学生们填写了包含具体行为问题的问卷。我们计划在夏季学期重新进行问卷调查，以评测这个方案从一开始便产生的影响。那些在规定时间内难以集中精力和完成任务的学生，现在效率提升，进步明显。

我们还对出勤率进行了监测。数据表明，情况有了改善，学生到校更加准时了。学校最近选出了两名行为标兵，并让他们组成小团队，负责在其他学生互相交流的现场进行监督，发现、鼓励和支持良好行为。我们与学生标兵及行为督导一起进行了一次学习考察，还购买了一套电子行为跟踪系统，并将在夏季学期结束时使用数据来评测该方案的影响。

对我们来说，最大的挑战是在午餐时间。我们发现这时学生的行为问题尤其突出。学校将午餐督导列为重点支持对象，而且每半个学期就要开会讨论行为和管理策略。到目前为止，食堂内已经发生了巨大的改变：我们制定了食堂座次表，让学生每天都坐在同样的座位上，避免任何负面影响。午餐督导的信心和话语权也得到了增强，因为她们需要从每个班级中选出1名学生进行奖励，表扬他们在午餐时间的出色表现。我们还会邀请午餐督导们在星期五的"庆祝大会"上为学生颁奖。同时我们在食堂设置了一个展示板，用来展示食堂里的良好行为和美好瞬间。展示板上面的信息和其他所有取得的进步，会被定期发布在网络社交媒体上与家长分享。

学生在短暂的时间内适应了这些变化，我们感到非常兴奋。看到他们和教职员工的热情和积极性，我们深感所有的努力和付出都是值得的。像统一表述、重复干预、见面问候和表扬板这样的举措已经融入到我们的日常工作中，并由全体教职员工在全校贯彻执行。家长们表示，他们特别欢迎教师给家里打电话。我们的3条积极行为规则并没有在全校显眼的位置展示（这是学习考察团的建议，因为全体学生都已经知道这些规则了），甚至基本上看不到。我们还有一本员工访客登记簿，上面有对学生行为的积极评价。我们会把这些评价与学生分享，以持续强化他们的积极行为。

——莎伦·帕斯科

威尔士巴戈德镇福克瑞小学校长

学生需要回答的18个行为问题

1．你认为你完全理解学校的行为规则吗？

2．所有老师都以同样方式处理他们在校园里观察到的不良行为吗？

3．你的老师是否曾对他们看到的不良行为视而不见？

4．你认为老师们的行为是否树立了良好的榜样？

5．你认为学校其他教职员工的行为是否树立了良好的榜样？

6．你认为有几位老师对你的生活产生了积极影响？

7．你与多少位老师相处融洽并尊重他们？

8．你认为有多少老师能很好地处理课堂上的不良行为？

9．你认为有多少老师能很好地处理校园里的不良行为？

10．通常情况下，全班同学需要多长时间才能安静下来并开始上课？

11．当你走进教室时，你的老师通常在做什么？

12．当你上课迟到时，你的老师会怎么做？

13．当你做得很好时，有多少老师会表扬你？

14．上个星期，你被老师表扬了几次？

15．上个星期，你被警告或处罚了几次？

16. 每个星期有几节课被行为问题打断？

17. 谁得到的关注最多？是那些努力学习的学生还是那些捣乱的学生？

18. 你是否会根据不同老师的期望来调整自己的行为？

在许多情况下，进行上述调查会得出一些有趣的结论。"核心教育"对2400名小学生和4000名中学生进行了问卷调查，调查结果显示，51%的学生表示他们在过去一个星期曾受到过处罚。在4000名中学生中，只有4%的学生表示他们的课程在过去一个星期内没有被行为问题干扰，32%的学生表示课堂被打断了10次以上。

实践清单

小试牛刀

以下是教师行为中影响最大的7个转变，在下个星期选一个测试一下自己的适应能力：

1. 刻意关注每个学生的新情况。

2. 关注努力，而不是成绩。

3. 不告诉学生他们的不良行为给你带来的感受。

4. 拒绝大喊大叫。

5. 使用更多的非语言提示。

6. 对取得进步的学生进行正面鼓励。

7. 每次都以积极的反思来结束课程。

注意事项

◆ 学生知道如何利用教师行为中的不一致为自己创造有利条件。比如，以"呃，她（另外一位教师）让我们在教室里这样做"作为辩护。想捣乱的学生本质上是想与教师玩分而治之的游戏。许多学生在家里已经学会了一些技能，来到学校后就会抓住教师之间不一致的行为标准，无情地加以利用，有时只是为了好玩。我经常当场指出学生的错误，却听到他们反驳："是他让我们7个人同时上厕所的，他总是这样。""不，老师，你不明白，她没有和其他老师一样执行规则。"

锦囊妙计

◆ 一位经验丰富的副校长曾教给我一句话："学生的父母就站在身后。"他说："保罗，很简单，如果你想控制自己对学生不良行为的反应，那么就想象他们的父母就站在你的身后听你说话。这样，你就不会出大错。"我喜欢这句话，屡试不爽。

◆ 世界上最好的教师现在会怎么做？我困惑时会不断问自己这个问题，通常都能找到答案。

◆ 了解自己的快乐所在，了解如何控制自己的情绪。找到让你快乐的事情，换个思路，更理性地面对眼前的挑战。在一所为被开除学生设立的学校中，我曾与一位优秀的教师共事。当他想象他在自己的快乐之地——加勒比海沿岸的海滩，拿着冰镇饮料，听着海浪拍打着白色沙滩时，眼神会闪闪发光。这时，即使是最愤怒的学生也会发现他的变化，并试图把他拉回来。"不！别这样！"学生对他喊道。我并不是建议你逃避危机，但在这种情况下，想入非非能够很好地打破紧张的局面。当教师愤怒到青筋暴起时，学生不以为意；但是当教师明显在控制自己的情绪时，学生就会意识到自己做得太过分了。其他教师可以从中学到很多。对于愤怒如火山爆发般不可预测的学生来说，这种控制情绪的方法也提供了完美的范例。

> 除了不能按时或根本不去上学，除了行为鲁莽和企图捣乱，他的情况远没有那么糟糕。
>
> ——针对13岁学生保罗·迪克斯的学校报告

课堂的重要常规

在课堂上，将优秀变为常态。

课堂的重要常规是教学实践的核心。巧妙执行这些常规将对学生的行为产生深刻的积极影响，反之，一切都会显得毫无计划，即兴而为，摇摆不定。你的核心常规是所有学生都认可和期待的完成课程的关键，它们可以解决常见的行为问题，平息混乱，或瞬间将大家的注意力重新集中在学习上。

你可能已经制定了一些重要常规，其中有些常规不是那么消极。"对了！在托马斯整理完书桌前，我们都要静静地坐在这里。我不在乎是否需要花上一节课、一天还是一个学期……"有些教师因为学生的一些小错误比如没带学习用品、衣着和妆容不得体或者仅仅是看老师的眼神很滑稽，就让学生站成一排，严厉斥责。这样的重要常规具有攻击性、充满愤怒和责备。学生们虽然勉强地服从了，但会在心里谋划报复。因为如果他们不遵守常规，就会被教师公开羞辱，这难免让人心生愤恨，而且毫无必要。

对每个学生来说，教师用正面强化和纠正的方式来帮他们学习常规更有效、更令人愉快："不，莫妮卡，你还没有准备好，你需要冷静地收好你的东西，才能腾出个学习的地方。""你可以做得更好，可以用一种更友好、更稳重的方式跟我说话，适当地保持距离。"

精心计划和完美执行的重要常规会让学生有所收获。例如：在某个小学的美术课上，大家一致同意开始整理杂乱的美术教室，这需要大量的清理、打扫、分类和团队配合工作。因此，你得让全体学生先停止乱画、吵闹、泼水和弄脏校服，并为他们分配任务。想让学生做好类似的事情，不仅需要时间，还需要你努力给他们讲明白做事的常规，需要你将要求分解成各个部分，给他们做示范，提醒并劝说他们。这很辛苦，但你如果每天都认真对学生强调这些做事的常规，就会对学生产生巨大的影响。

避免教条

然而，有些教师执行常规时太教条，过于注重过程和控制，忘记了自己是在教导活生生的人。当你把行为管理看成只是采用常规来控制学生时，这些常规就超越了限度，而且没有尊重受教育的个体。

这里有很多源自美国的手势语：如果你需要纸巾，就伸出1根手指；如果你想把同桌在课堂上的不当行为报告给老师，就伸出两根手指；如果你有问题，就伸出3根手指；如果你想要发表意见，就把手弯成C形……我的小儿子在家里吃饭时也会举起手，因为这些关于手势的常规已经深深地印在了他的脑海中。在这种常规的影响下，我猜他会用小伙伴们统一的奇怪手势来表示他想吃番茄酱或用两根手指表示"我不想吃豌豆"。

我们当然可以教给学生复杂的信号，让他们听到哨声时答"到"，在别人愤怒地抬起手时躲开，但这并不是说这些做法正确。

当你把常规细化到如此程度时，那些听话的学生会勉强服从，少数在行为上需要帮助的学生很快就会发现自己马上将面临处罚。他们冲出门外时即兴做出的手势（我肯定没教过他们那个手势）证明了这些常规对他们不起作用，虽然这恰恰就是为他们制定的。

惨痛教训

我曾在英格兰西部的一所学校担任助教，一年后爱上了教学。我在学校排练话剧，担任游泳队教练，全身心投入到学校生活中。我越来越自信，这时候其他教师会找我去代课。尽管我的经验不足，但非常擅长扮演这个角色，当然，我的真实水平远远低于表现出来的状态。

自以为是的我接受了为小学部一年级体育课代课的挑战。这能有多难？毕竟只是五六岁的孩子。班主任在离开前监督全班换好衣服，然后就把他们交给我。我们排着整齐的队伍从教室走到体育馆，然后我自信地在门口停住脚步，告诉他们进去后在地上围坐一圈。大家都面带微笑，我期待着45分钟精彩的地面游戏，想象着垫子之间的"鳄鱼沼泽"、方块地毯做成的"厄运之阶"以及在两个翻转的长椅上进行的"恐怖之行"游戏。

然而，当他们进入体育馆时，一切都乱套了，他们开始飞快地乱跑。我站在体育馆中间，用最坚定的声音叫他们停下来，声音越来越大，但是喊破了嗓子也无济于事。事实上，也有一些变化，那就是他们跑得更快了。就在这时，我想起了挂在脖子上的体育课教具——艾克米雷声哨。我曾见过高中部的教师们用一声短促的哨声就让闹哄哄的学生们迅速恢复秩序，于是我认为自己也应该这样做。然而，当我吹响哨子时，就意识到我想错了。哨子的声音加剧了学生们的喧闹，他们大喊大叫，甚至高声欢呼。

我已经束手无策，对他们毫无威慑力。这时，我才注意到体育馆门口有一群人笑得前仰后合。4个同事听到了喧闹声，前来欣赏这场闹剧。他们见我情绪低落，开始同情我。体育部主任走进体育馆，喊道："不许动！"30个学生瞬间安静下来，一动不动地站在那里，眼睛盯着他，等待着下一个指令。这时他轻轻地向学生们示意，学生们就原地坐在了地板上。然后，他又做了一个手势，学生们聚到一起，准备上课。

当我谦恭地感谢同事时才明白，教学不仅仅是角色扮演或吹口哨那么简单。最佳做法的核心是制定统一、熟练和能够融入班级生活的重要常规。体育部主任反复排练的"不许动"、手势、停顿和沉默都是这种解决方案的重要组成部分。

优秀教师离不开的5条重要常规

除了在第1章提到的"见面和问好"之外，还有以下5条优秀教师离不开的重要常规。

1. 让全班安静下来，为教学做好准备

点评式的倒计时效果非常好。点评是积极的鼓励，当你从5开始倒计时时，要立即找出准备听讲的学生，"5，卡尔，做得好，你已经转过身来面对我，把你的作业放在桌子中间了；4，艾莉，谢谢你的帮助；3，看

看这组，你们是第一个准备好的；2，拉吉，准备好了吗，费伊，你只需要把外套放在椅背上就可以了；1，快点，山姆；0.5，莉莉，很好，谢谢大家，注意看我。"

一旦全班都理解了这种模式，就可以用一些更新颖的方式来进行倒计时。再过几个星期，可以从3开始倒计时，让一个学生开始倒数，可以用音乐作为提示，在屏幕上用计时器计时，可以用打击乐器代替说话，或者用拍手的方式……你可以在形式上尽情发挥创意。在关键时刻，你可以再次使用数字倒计时，在短时间内为上课做好准备，就像有人对你直呼大名时，你就需要调整自己的状态一样。

我一直在测试屏幕上倒计时的速度，以及它对行为的有趣影响。似乎速度越快，学生就越想开始行动。如果他们看到一个缓慢的倒计时，就会认为有时间放松。一个精确显示到百分之一秒的计时器可以给人适当的紧迫感和少量的恐慌感。如果你将倒计时与丛林音乐（其他形式的电子舞曲也可以）结合起来，便会使紧迫感加大，从而加快课堂的节奏。

"眼睛看着我"是一种清晰而准确的指令，所有班级都应该花时间进行训练，因为确保全班注意力集中至关重要。最初与每个学生进行眼神交流最容易让他们听从你的安排。当然，我并不指望这种眼神交流能一直持续下去，因为他们可能会低头，稍微转移视线，甚至开始涂鸦，成年人也是如此。对于学生来说，在课堂上认真听讲无疑是正确的行为，但走神也是难以杜绝的。如果一个学生转过身去数窗外的鸟，那么很明显，在不影响课程的情况下，快速说"克洛伊，请看着我"就是一种有用的纠正方式。对于年龄较小的孩子来说，"看起来认真听讲了"可能表现为"持续倾听，挺直腰板，眼神求知若渴"。

当然，学生看着你并不意味着他们在听你讲课，但这是我们能够找到的最接近听课的状态了。

2. 按标准流程安排班级任务

给学生安排任务时，你说话的内容和顺序都很重要，过早地提到"分组"或"选择伙伴"就有可能让学生听不进去你之后说的任何话了。每次都要使用一套相同的流程。

◆ 时间和任务：在讲述任务内容前给出开始时间和截止时间，这样学生就能好好听完任务内容，并在听的过程中开始规划时间。

◆ 资源：个人或小组完成这项任务需要什么资源？在哪里可以找到？

◆ 结果：在所分配的时间结束时，你想看到什么？或者说，你所制定的成功标准是什么？更确切地说，你和学生一致同意的标准是什么？

◆ 分组：个人单独活动、两人活动、集体活动、按座次分组活动等。

◆ 停止信号：当你想对全体学生说话时，使用倒计时来提醒学生。

如果你在任务一开始没有明确强调上面这些安排，那么结果会很糟糕。所以，每次设置任务时都应该重复上述流程。用不了多久，这一套流程就会被你熟练自如地运用起来，不再需要刻意去想。如果你偶尔漏掉一些信息，学生会期待你说清楚。

3. 暂停与反思性提问

在任何课程中，都有一些关键时刻需要教师停下来，看看进度，思考一下接下来怎么讲。这种暂停没有固定时间表，而是应该在教师认为合适的时间进行。我自己在任何一堂课中，暂停都不会超过2次。教师应该根据学生的反应，做好干预准备，及时对原定教学计划和马上要讲的内容进行相应的调整，重新安排学生，组织课程。这样做不是为了公开评判学生，也不是为了甄别优劣；相反，是为了获得必要的信息，以更好地指导学生学习，同时也是为了测试学生对课程的掌握情况，并以此指导教学。暂停后，你可以将学生重新分组，进行同学互教，或者安排一些小组独立学习，让另一些小组与你集中学习。

◆ 暂停时反思：你付出了多少努力？还记得常规吗？你在与合适的人共事吗？你是否摆脱了外界干扰，完全专注于任务？

◆ 课后反思：你对本课的理解程度如何？还在思考什么问题？希望自己提出了什么问题？

◆ 反思自己的行为：你是否找到了最佳搭档？你给这门课做出了什么贡献？给别人带来了什么麻烦？你何时是全心投入的？

将自我反思作为一种常规，可以让我们更深入地进行学习，并强迫自己静下来思考，也教会我们感恩他人的帮助。日本人将自我反思作为学校教育和纪律的核心内容，因为反省和自律是一种基本要求。

4. 找出成功标准

为学生制定成功标准是一条重要常规，如果制定得好，就会使学生充分发挥主观能动性。你可以要求学生参与制订任务的评价标准，确保每个人都理解优秀行为是什么样的，并了解新的常规内容。

你可以定期做一些简单的事情，让学生感到他们的贡献有价值并且很重要：

◆ 为学生提供他们能够解构、分析的例子。最好不要提供你自己的例子，尤其是那种完美的。你表演的《哈姆雷特》可能是皇家莎士比亚剧团错过了都会非常遗憾的完美演出，但这不会对13岁孩子的理解有任何帮助。

◆ 做学生的抄写员。我喜欢坐在地板上，拿着一张大纸，鼓励坐在椅子上的学生们把想法一股脑地说出来让我记录。在你记录的时候，不要急于用你觉得"更好"的词来代替他们的话，要准确地记录他们的表述，让学生来主导内容。要有耐心，等待并享受尴尬的沉默，好的想法便会随之而来。

◆ 和学生一起列出标准后问："这是谁的想法？"这是移交责任的重要步骤，提醒他们这是在为他们自己设定目标，同时也强化了他们对自己所处在的主导地位的认知。

◆ 让学生选择一条他们自信可以达到的标准，一条勉强可以达到的标准，和一条非常难以达到的标准。允许他们自行区分，随时指导无法完成这项任务的学生。

5. 为学生设立的常规：3是神奇的数字

将设立的常规以3为单位组织实施，因为即便使用巧妙的缩写、诗歌或押韵形式，人们也往往难以立即想起3条以上。一次，我与一群校领导合作时，他们自豪地告诉我，他们的行为准则很容易记住，因为6条准则的首字母构成了学校的名字。我说听起来很棒。离开之前，我问："顺便问一下，是哪6条准则呢？"这个问题引发了一场小混乱，他们又是翻笔记本，又是上网查询，又是道歉说："昨天还记得清清楚楚呢。"虽然这些规定让他们费尽心思，但是最后还是只想起来3条。

如果连制定者都很难记住6条常规，那么你面前这群能力不一的学生更记不住。因此，不断要求学生精准地记住几百条常规，注定会失败。

每项活动、每个分组和每个学习场所的常规都是教师们详细策划、冥思苦想的结果。对许多教师来说，这些常规是多年来自己独特的做法，不会跟学生明说，除非他们问："我怎么知道家庭作业应该用绿色而不是灰色的笔写在本子右边的页面上，并且在12月的第一个星期二天亮之前上交？"秘而不宣的要求对行为教育没有帮助，因为即使是最简单的常规，也可能因课堂和老师的不同而不同。只要问一群教师，他们希望学生到教室门口时做什么，你就会听到很多答案。

我不喜欢学生排队，只想让他们直接进来。

我不能让学生单独进入教室。

我希望学生进来之前把外套脱掉。

学生们一进教室就立刻开始讨论当天的大事，然后才进入学习状态。

签到之前，不许说话。签到簿是法律文件，我有义务准确记录……

学生排好队后，我开始检查他们的记事簿，斥责他们衣冠不整，并说我宁愿去钓鱼，也不愿意看到他们，然后让他们赶紧回到自己的座位，我不会为任何人改变我的做法。

如果教师们的这些最基本常规无法统一，且对学生保密（或在可怕的"开学第一堂课"中告诉他们所有的500条要求），那么还有希望统一标准吗？难以想象，你在一所中学上学，一个星期5天课，每天有6到8节课，必须记住每一位教师具体而独特的常规。

确实，数学课和艺术设计课的教学要求不同，在户外教体育和在活动房里教6岁儿童识字也是不一样的，不同课程的常规应该满足各自教学需要，每位教师有权选择自己的做法。但是，在制定全校统一行为要求和允许教师根据班级情况制定常规之间，必须要找到平衡。

人们喜欢重复。在我们的大脑中，模式受体在不断地寻找它们。你的学生可能会说他们更喜欢过疯狂而混乱的生活，但现实是，正是你的常规，以及对这些常规的不断重复，使学生能够安心地学习。

重要常规的重复并不只表现在语言上。重要常规不仅仅是简单的表述，还是合乎时宜的安排，能够匹配或设定学习节奏，能让所有学生立即接受并遵守。如果你想确定自己一直在使用哪些重要常规，请让学生告诉你"你经常做的事情"。

杂耍、常规和天赋

16年前，我开始学习杂耍。说是杂耍，其实前两年主要学的是如何从地上捡东西。我没有杂耍的天赋，之前不了解杂耍，家里也没有会杂耍的人，但我对杂耍非常着迷，随时随地都在练习，包括在机场休息室里、在邮局排队时和通宵大会时。几年后，我可以表演同时抛接5个球，可以表演飞刀，状态好的时候还可以耍火棒。我也曾梦想从事职业表演，直到妻子提醒我还要养孩子、付账单、打理生意。许多人都会对我说："我不知道你是怎么做到的。""我永远做不到。"我说是因为我做了大量的练习，而且我也很喜欢杂耍，就一门心思地扑到这上面了。但他们不相信。"不，伙计，是遗传。你天生就会这样。"他们不知道的是，台上一分钟，台下十年功。

有些班级的常规完美地融入到了日常教学中，就像波平斯（美国电影《欢乐满人间》的主人公，一位会魔法的保姆）式行为管理方式创造出的梦境一样：教师挑挑眉毛，不一会儿，班级就整洁如新，30名学生睁大眼睛，安静就坐，求知若渴；教师做了一个手势，让学生开始阅读，学生们便神奇地拿出书本，专心地读起来。可能你身边就有这样的教师，他们只用一句话就能让学生表现得无可挑剔，但你说了无数句（而且很多都是一样的），学生还是很难达到你的要求，为此你十分苦恼，甚至还可能对他们说："我不知道你是怎么做到的。""我永远做不到。"当然，其实这些教师并没有魔法，也没有行为管理的天赋，不是生下来就掌握这种知识。

就像杂耍演员痴迷于追求终极戏法一样，优秀的教师也痴迷于追求完美的行为。学生没有完美的表现，他们誓不罢休。经过年复一年的积累，这些教师的名声也逐渐传开，低年级的学生甚至不用等他们说话就知道会发生什么。教师们之所以能变得优秀，就是因为痴迷于不断追求卓越，而不是天赋。问题是，一旦他们达到了"行为管理大师"的神秘地位，其他人就很难看出他们做了什么。微小的动作和细微的变化，可能会让观察他们的人认为他们"天生如此"。

与我合作的一所学校提出了"传奇排队"。这项常规对排队的要求非常明确，并且，它也是对"精彩行走"（见第1章）的致敬。在课间、午餐和放学时，排队的学生不再在门口懒懒散散、磨磨蹭蹭，而是自信、守时、完美地站在队伍中。这真的太神奇了！学校在此基础上进一步制定出"顺利过渡"——巧妙地将学生从一个空间过渡到另一个空间，从一个活动过渡到另一个活动。精心策划和管理的过渡可以帮助那些很难适应变化的学生，让他们能够预测到下一步，并从熟悉的程序中得到安抚。从"精彩行走"到"传奇排队"，再到"顺利过渡"，这里或许体现了一个核心理念：这些名称大气的常规令教师更容易去赞扬学生积极的表现。或者说，一项加入了一点乐趣的常规似乎就变得不那么像一项常规了……

巧妙解决上课迟到的问题

在我参观过的一所学校中，上课迟到问题长期存在。学生们在去上课的路上会故意绕远，或停下来与朋友聊很久，或慢条斯理地喝下一罐能量饮料。教师们知道学生不会准时上课，所以已经习惯了在上课铃响之后再喝一杯咖啡，多批几本作业，或者多抽一支香烟。有些教师会若无其事地让迟到的学生进来，而有些则会让他们在教室外罚站很久；有些教师会在走廊里大声训斥学生，而有些则一言不发；有些部门会安排专门人员毫不留情地处罚迟到的学生，而有些则让教师孤军奋战。每位教师都希望保持一致，却没有人付诸实践。学生看到教师处理方式的差异后，开始投机取巧，即使是那些看似乖巧听话、彬彬有礼的学生，也会在上法语课前花10分钟喝一罐能量饮料。

解决迟到问题的流程过于烦琐，所以教师在孤军奋战时花费了大量时间撰写材料、完成后续工作，以及监督学生接受留校处罚。其实有效的处理方式是有的，但在这种情况下被深深埋没了，或者因为教师大脑超负荷而记错。显然，全体教职员工必须做些什么以统一对于迟到的处理办法，并使其成为常态。

当学校邀请我来解决这一问题时，我替所有教师设立了一项试行30天的常规，并写出来贴在每间教室的门上：敲门、坐到"迟到专座"、签到、等待指令。为配合这项常规，每位教师都要在门口与学生见面、打招呼，校领导在则需要走廊里管理学生，防止他们聚众聊天。在我与学校隔壁报刊亭老板（大部分利润来自向学生售卖能量饮料）进行了长时间交流后，学生们被限制购买能量饮料了。

这项常规简单明了：迟到的学生必须坐在教室门旁的椅子上（有些

教室需要一排椅子），签到，写下迟到原因，然后坐到教室里离门口最近的座位上。不能坐在自己原来的座位上，这对于很多学生来说是一件非常恼火的事。因此，他们从第二天起便开始准时上课。同时，也需要有人"鼓励"教师在第一声上课铃响之前就走出办公室，确保准时出现在教室门口。这项工作不受欢迎，但还是交给了一位副校长。说句公道话，他乐在其中。一个星期结束时，教师整理好签到表，送到学生家里。事实证明，这种方式更有效，它揭穿了一些学生编造的借口，让他们不得不在周末被父母训话。

持续采用上述流程后，教职员工的行为发生了巨大变化。两个星期内，学生的迟到问题得到了极大改善。过去，有些学生迟到时，就像奥斯卡获奖者在崇拜者面前登上舞台，但现在，他们已经没有观众了。对于那些为了挑战教师而迟到的学生来说，已经没有得逞的可能性了。准时上课的学生得到了正面鼓励，前5名学生还可以得到学校加分。30天后，除了那些"硬骨头"还在"垂死挣扎"，迟到的学生人数大幅下降。走廊里空无一人，显然教师们已经可以在教室内处理他们了。

确定每个人都知道并遵守这一常规后，我们便把纸条从门上撕了下来，比计划的时间稍晚了一些。此后，虽然学校需要不时地重新强调一致性，但坚实的基础已经打下。上课铃响1分钟后，走廊里就安静了下来，教师开始上课前不再心情不佳，而是发自内心地微笑着与学生见面和问好。

实践清单

小试牛刀

每次只专注一条重要常规。画一个作为中心的齿轮，在这个齿轮上写下这一常规的名称或具体内容。

之后考虑一下所有相关行为，不论是积极的还是消极的，最后在中心齿轮周围画上若干齿轮，把每个相关行为都写在一个单独的齿轮上。这一常规可能会对不同的人产生影响，首先是学生，然后是同事，也许还有家长、学校中的其他教职员工、公众等。

示例如下：

中心齿轮上的重要常规，如：举止沉着冷静、在教室门口与学生见面和问好、从上课开始就使用表扬板、站到注意力不集中的学生旁边、合理安排座位。

中心齿轮1：举止沉着冷静。

周围齿轮：学生有序进入教室，班级安静下来。丹尼不再喊叫，马龙放开了雅各布，阿尔塔夫可以放心地和你私下交谈。

中心齿轮2：见面和问好。

周围齿轮：塔拉告诉你她买了新鞋，泰拉冲你微笑，你注意到夏农又没吃午饭，你夸赞乔治的新外套，比利开怀大笑。

中心齿轮3：表扬板。

周围齿轮：热衷于讨好教师的学生会寻找进步的方法，丹尼不再用书包练习扔链球，排名前三的小组已经准备好学习，所有学生的外套都放在合适的地方，上课时没有学生插话。

中心齿轮4：站在注意力不集中的学生旁边。

周围齿轮：珀尔主动把她的耳环拿了出来，汤米告诉你他爷爷的事，鲁米还没准备好学习，山姆只是想拿足球比分来和你开玩笑，詹姆斯把手机交给你看管。

中心齿轮5：合理安排座位。

周围齿轮：明确地提醒大家注意常规，学生们坐在"最佳拍档"旁边，丹尼坐在离迪安尽可能远的地方，每个学生都能清楚地看到黑板，鲁米进来的时候有地方坐。

培养和完善自己的常规。思考一下：你会经常说些什么？以什么顺序说？你会用什么方式来强调这一常规（比如手势、站姿、语调、音乐、道具、技术）？你会如何提出或重申，以确保它能有效实施？完美达到常规的要求时，会是什么样子？学生们需要如何表现？你自己需要如何表现？

注意事项

◆ 不要同时设立或修改太多常规，这样做只会过犹不及，导致所有常规都无法得到很好的实施；只设立几项常规，才能完美地执行。

◆ 不要让墙上有过多文字，创造性地使用图片或学生参与活动时的照片。

锦囊妙计

◆ 要求学生遵守常规前，可以让他们先提醒你。

◆ 要求其他教师（助教、代课教师、行为管理教师）在班级中也执行该常规。

◆ 当你请一位新人教师观摩资深教师工作时，请与他坐在一起，帮助他发现资深教师那些难以察觉的习惯做法。

> 表面上他的行为有所改善，但实际上他仍然是一个狡猾的捣蛋鬼。
>
> ——针对12岁学生保罗·迪克斯的学校报告

第**6**章

以剧本式干预应对行为问题

······

你的行为、语言和气场。

······

在处理不良行为时，大多数教师都知道如何开场，但很少会设计中间环节和控制最后结果。你默认的行为管理方式是如何形成的？在关键时刻，如果因为班级看似无法管理而深受打击，你会说什么？

在我接手新班的第一堂课上，学生下定决心要给我一个下马威，我下意识地说出了几句多年没听到的话："我为什么要等你？""你在家也这样吗？""所有人留校！"如果你按照默认的行为管理方式去做，就会下意识地说出脑海中所有教师或家长说过的最刺耳的话。

很多教师平静时很容易想出改善局面的说辞，但愤怒时很少有时间思考。如果我们不注意自己下意识的表达，那么在管理不良行为时，就很可能即兴发挥。

终结行为管理中的即兴发挥

我与伦敦一家学生转介机构合作时，那里的工作人员对剧本式干预很感兴趣，并自己创建了一套，锲而不舍地找机会使用，虽然他们的学生总是不让他们把话说完。当我向校长反馈进展时，他说："我喜欢这种干预模式，这样教师就不能任凭自己自由发挥了。"我很开心得到他的肯定。很多人都梦想过自己即兴创作歌曲，不是吗？但不要这样做，因为没有什么好结果。真正有天赋的即兴说唱歌手很少，大多数人都应该远离麦克风。如果你不会即兴说唱，那么记住歌词就是更好的选择。

当你明天在学校散步时，可以听听有多少关于行为问题的谈话是即兴发挥的。教师可能清楚地知道开场白，但之后的说辞就会五花八门了。教师是基于何种价值观、规则和要求在与学生谈话？表述是否一致？是否浪费了强化一致标准的机会？如果每个教师都不加思考就任意发挥，那么请想象一下这个场面，很可能和即兴说唱"翻车现场"没有什么两样。

有些教师会将学生与自己进行具体比较："我上学时绝不会用那种方式和老师说话，我妈妈会……"还有些教师的做法更加复杂，会拿学生与他们在家里的表现进行比较："你妈妈会让你从椅子上站起来，拿一条巧克力棒，吃一半，然后在艾莉往回走的时候戳她一下吗？"当这种比较不奏效时，有些教师就会无视学生、自顾自地走开，去填写留校或转介文件。学生会因此产生怨恨，并在上课、私下辅导或者被纠正行为时表现出来。通常他们会大喊："什么！他甚至从来没有……"因为学生突然意识到他们受到了处罚却没有收到任何通知、警告或解释。

有时，教师在复杂的关于行为的对话中很容易即兴发挥。在一个星期开始时，我们头脑清晰，反应敏锐，几乎是在享受唇枪舌剑的过程。但一个星期即将结束时，我们的头脑就会因疲劳而迟钝，特别渴望教室里能保持安静。当即兴能力减弱时，教师就需要后备计划，甚至是剧本式的应对措施，这样既可以巧妙处理不良行为、维护师生双方，又可以避免令人生厌的即兴发挥可能带来的不良后果。

语气尖锐、动作暗示随意，会让你对学生说的话的效果大打折扣。一些学生对你的肢体语言、说话方式、给出的思考空间以及要求回应的速度很敏感，哪怕你只有一丁点攻击性、怀疑或绝望，他们都会马上察觉到。因此，如果教师的语气和动作欠妥，便会瞬间破坏固定或计划好的应对措施。我并不是让你因此放弃这种策略，只是实事求是地说明它并不是百试百灵。

学生不可能仅仅因为你精心设计了一套说辞，就出人意料地退让，变得举止得体。然而，的确有些词语和句子更有效果，有些语气和举止适用于紧急情况，有些表现方式十分明智。如果创作通用微剧本时怀着友善、共情和理解，就不需要紧张，也不需要依靠攻击性来保持界限，只需要在每次棘手的谈话中都表现一致——这需要不断重复练习和完善。

教师脱口而出的话语可能让学生终生难忘。我仍然记得我的美术老师曾说我既没有技能也没有天赋，所以我只配坐在教室后面用蜡笔画画，而其他学生都有画架、画刷和颜料。30年后，我对美术课唯一的记忆就是这件事。如果现在有人让我画画，我会拒绝，告诉他们我不会画，甚至可能走到房间后面，拿出蜡笔！人们在很长一段时间内都会记得这种小事。

30秒干预：从容应对行为问题

除了了解许多学校都有的教学系统和奖励条例，对你来讲真正重要的事情是知道如何在危机时刻与正处于愤怒状态的学生深入交谈。当学生固执己见，一脸激愤地告诉你"这是胡扯，我不会做的，你不能强迫我"时，考验的不仅仅是你的行为管理能力，更是其中蕴藏的价值观念、情绪复原力和人文关怀。迅速有效地打断和扰乱思维定式，会让你成为拆除

"行为炸弹"的专家，不像其他人任其爆炸。

每次你与少数人进行关于行为的谈判的时间越长，留给多数人的时间就越少。课堂表现不好的学生肯定需要你更多的课外时间，所以不要在课上处理他们的问题。对课堂上发生的不良行为，你需要进行限时30秒的正式一对一干预。准备好，传递信息，把之前的良好行为当作范例来规范学生，给自己和学生都留有尊严，这是双赢。

进行30秒的干预时需要使用谨慎的、通常是排练好的语言。想法很简单，但做法需要练习。干预不是为了强迫学生在课间休息前做个乖孩子，乞求原谅，改变自己的生活，而是作为一种精心计划、结果完全可预测且安全的方式，向学生传达明确的信息："你要对自己的行为负责，恶劣行为不值得我花时间，我可以证明你平时其实比今天表现得要好。"

当教师实施处罚时，学生会对抗、抱怨或抗议。在30秒的干预中，教师需要立即提醒学生他们之前表现良好的例子，以对抗他们带有戒备心理的反应："还记得昨天帮我收拾东西的你吗？还记得之前带领小组成功地开展活动的你吗？还记得上个星期出色地完成了家庭作业的你吗？还记得收到表扬信，让妈妈惊喜的你吗？那才是我认识的你，那才是我今天想看到的切尔西。"这是剧本式反应的关键。

不理智地干预学生，只能让他们继续一意孤行。简单粗暴地处罚学生谁都能做到，但在激烈的干预中保持冷静则显然需要真正的技巧。当教师在关键时刻立即提醒他们之前的良好行为时，如果发挥得好，即时机正确、语气恰到好处的话，就会产生一些神奇的效果。在重新明确界限的过程中，教师再次定义学生，帮助他们回忆之前的良好行为，能够让他们在接受教师管理时不再像平常那样骂骂咧咧、用力摔门或进行人身攻击。

你离开的时机非常关键，需要准确把握。在你占据上风，但学生还没来得及抗议的时候，可以站起来说一句"谢谢倾听"，然后就走开，让学生自己选择接下来该做什么。不要试图在他们面前徘徊，等着他们做决定。走开，不要回头。即使你刚刚完美地应用了剧本式处理模式，他们可能也需要时间思考和做选择，然后回去继续学习，这段时间也可以让其他学生把注意力从他们身上移开。

就在你走开时，泉特尔可能正想方设法地吸引你回来。她准备了各种容易让老师上当的手段——出声的辱骂、经典的"比中指"、咬牙切齿，再加上侮辱性的嘟嘟囔囔。不要上当，继续向前走。其他同学很快就会意识到你并不是放任不管。如果你冲回去，对这些小伎俩做出回应，等于把控制权交给了学生，那你就输了，因为，对喜欢挑衅的学生来说，全面对抗就是终极奖励。这样一来，你所有的努力很快就会付诸东流，因为情绪失控会升级为学生的咒骂和摔门而去，而你则不得不采取写报告、关隔离间等令人生厌的措施。

当然，教师走开后的第一项工作，就是仔细地记录刚刚发生的事情的经过，这样就可以在大家都冷静下来时跟学生展开谈话。你可以在清晨太阳刚刚升起时与他们分享你的记录。因为，以我的经验，睡眼迷离的学生更容易道歉和悔过，如果学生完全清醒，再加上糖、咖啡因或酒精饮料的刺激，就会难以管理。随着时间的推移，你的做法很快就会让其他学生意识到："老师会搞定你的，虽然现在还不是时候，但是你一旦出错，他就不会放过你。"

指指点点，盛气凌人或冷嘲热讽都会破坏这种策略。你所有的肢体语言和语气语调都必须强势表明"我不是来这里吵架的"。你可以拉把椅子坐下来，或者蹲着和学生说话，不要表现出一丝一毫的愤怒情绪，否则就如一些学生所愿了。避免采用消极的压制手段，要让学生觉得他们可以控制自己的行为。

有了剧本，你就不再需要即兴发挥，只需预先确定节奏并微调干预尺度即可。只要跟着剧本，你就没有时间去展开即兴批评，也不会以重罚相威胁，同时还能让学生反思自己的行为，并知晓某个重要的人认为他们可以做得更好。在行为管理的关键时刻，剧本既可以帮你解决棘手的问题，又能让你和学生的关系完全不受影响。

将剧本应用到位需要真正具有熟练的行为和良好的情绪管理能力，这并不容易。教师需要练习在处理学生不良行为的过程中提醒他们之前的良好表现，同时展现谦虚和笃定的态度。当学生发现不良行为再也得不到任何好处时，当教师的干预足够迅速并能产生预期的效果时，教室就变成了更安全、更稳定的学习场所。

30秒剧本：有效的固定话术

当学生固执己见时，没有唯一正确的解决方法。你可以试着用以下表述作为开场白，并根据情况进行调整：

我注意到你很难进入学习状态／无法持续学习／在教室里到处模仿说唱歌手的手势……

你违反的是关于排队／专心学习／禁止把危险物品带进学校……的规定。

你选择了坐到后面／在午餐时间补作业／放学后晚两个小时回家……

还记得上个星期你每天准时到校／收到的那张表扬信／获得学校竞赛奖项……吗？

那才是我今天想看到的你。

谢谢聆听。（然后给学生一些消化的时间）

翻转剧本

通常当我们遭到敌对时，也会报以敌意，心理学称之为"互补性"。但当我们的回应出人意料的没有敌意，甚至是令人愉快时，会发生什么呢？

在面对攻击性行为时，表现出热情和友善会产生显著的效果。环顾世界，这样的例子比比皆是：英国警方在患有精神疾病的武装袭击者面前表现出同情并成功将其劝服；美国华盛顿特区的一个晚宴上，人们面对持械抢劫犯突然主动提供奶酪和葡萄酒，阻止了抢劫犯的行动。当一个人在不断升级的对抗面前表现出温情时，可能会发生非同寻常的事情。

在"核心教育"的网络电台节目中，探长索利夫·林克谈到了对付年轻罪犯非常有效的新方法，即"和他们周围的所有人一起对他们施以援手，深入了解他们的生活，帮助他们改邪归正"。在过去10年里，丹麦的青少年犯罪率下降了50%，他们的防范对策是"包容他们，并让他们重新融入社会"。

林克透露了自己是如何在与罪犯交谈时采用翻转剧本的。据他描述，他在单独监管一名囚犯时，必须阅读该囚犯收到和发出的每封信：

我有机会读完了他收到的所有信件，他发出的我也都读了。重要的是，这些信件并没有干扰我的调查，反而给了我独特的机会以观察他的生活，并思考在这个人身上究竟发生了什么。我从他写的信中读到了感情，从他家人的信中读到了对他的爱。当我在监狱看到探望他的朋友、家人，甚至是他的奶奶时，能看出他的生活中有爱，他也很爱他的孩子们。

有一天，我突然坐在他身边，对他说："我想问你一件事——你怎么会在监狱里？"他有点困惑不解。我说："对我来说，我不明白。我能感觉到你是一个怎样的人，我能看出来你的孩子爱你，他们真的爱你，你的妻子爱你，你的家人爱你，你也是一个充满爱心、关心他人的人。我读了你的信，能看出你和他人相处的方式。请告诉我，你为什么在这里？你不应该在这里。"

听到这里，他突然情绪失控，哭了起来。他生活的环境很糟糕，充斥着狐朋狗友、毒品、夜生活、酒精。当他意识到不应该这样生活时，为时已晚，他已经为此付出了巨大的代价。我突然走近，问他："你怎么会在监狱里？看到你这样的人在监狱里，我真的很伤心，尤其是你还有孩子，他们正在为你的行为付出代价。这让我很伤心，因为这样的事我已经看过太多次了。"

我的话真的让他开始了思考。我接着说："好吧，你涉嫌在舞厅里打架斗殴。对我来说，花几个星期时间向法官证明你无罪是没有用的。告诉我是不是你干的，告诉我，这样我们就能尽快上法庭找到解决办法。同时，我可以明确地告诉你，你的妻子和孩子为来这里看你感到非常丢脸。不管怎样，我们得了结这件事。""是的，是的，"他说，"是我做的，我确实揍了这个人，我确实打了他。"

后来，他和他的家人提到了我。出狱之后，他还回来交给我一封信。他说这是第一次有人这样对他说话，他答应改变自己的生活，并为此付诸行动。几个月后，临近圣诞节的时候，他奶奶也给我寄了一张明信片！

完美执行剧本式干预的重点

按剧本处理学生行为问题时，关键不仅在于说话的内容，还在于说话的方式。优秀演员的演技没有上限，你在学生面前的表现也是这样。采用中音能够很好地表现自信，从而改善你的行为管理效果。

我们说话的节奏、音调和音量总是在被解读和误解。上升的语调可能会被认为包含了太多怀疑，而下降的语调则可能会让人感觉被命令，令人沮丧。同样一句话，用不同的方式表达，可能会令学生抗拒，也可能会令他们顺从。所以，我们可以试着练习保持温和、平缓的语气。

教师引导和管理大批低年级学生时需要对重要语气加强练习。

8种绝妙的教师语气

1. 这肯定会非常有趣。

2. 这太正常了，我一点也不反感。

3. 你是世界上最好的学生。

4. 到此为止吧。

5. 我对你很失望。

6. 我对你更失望了。

7. 我对你失望至极。

8. 对，就是这样。我真的，真的，真的很失望（这时仍然保持冷静）。

在音调、音量和节奏上做出微妙变化这种行为技巧，在专家级教师身上很难察觉到。语气是行为管理色彩的调色板：正向管理的阴影、失望的颜色深度和调节气氛的明亮色块混合在一起。处理难题的方式和领导、指导、教导以及示范出色行为一样重要。你要更多采用积极的方式，要针对行为而不是学生进行批评，及早干预学生思考，让每个人更轻松地渡过难关。在这个过程中，你的表现始终是关键，对自己的表现进行细微调整比棍棒策略甚至奖励机制更加有效。

试着在30天内控制自己的表现：调低音量，控制音调，限制节奏。同时，思考一下，有多少行为干预是无声的？有多少行为干预可以简化成一个词或手势？当你刻意控制音域时，语气的细微变化似乎都会很明显。

自信不是简单地坚定立场、说"不"以及重复要求。学生可以选择，你也有机会选择自己的行为。你可以选择不同行动回应不良行为，比如，记录下来然后在更好的时机进行处理、忽视或走到一旁考虑如何回应等。但是，你的所有行动都必须非常自信。自信就是知道自己可以控制自己的行为，并能够在回应学生时做出适当的选择。不要害怕说"不"，必要时要坚定地说，但是注意不要过度使用，否则很快就会失效。

7个避免过度反应的理由

1. 学生们认为教师大喊大叫是缺乏控制力的表现。他们要么被吓到，要么觉得很滑稽。

2. 你永远不会在学生的父母面前对他们大喊大叫。

3. 如果你的行为模式不佳，就会影响学生们彼此相处的方式。

4. 对不良行为的反应过于情绪化会吓到许多学生，也会刺激一些学生激怒你。

5. 同事们听到走廊里回荡着你的声音，会开始质疑你的行为管理能力。

6. 通过恐吓来管理学生的行为，这种做法既不成熟，也无法持续。

7. 对不良行为反应不当会导致处罚不公。

演绎微剧本时不应该流露出愤怒或沮丧，要有医疗题材电视剧的那种严肃感和新闻广播式的确定性。语气必须与肢体语言一致，共同在讲话过程中补充信息。学生一旦发现教师的语言和语气在力度上有所减弱，往往会立刻忽视或拒绝听到的指令："请脱下外套。""我今天太累了，不想理你。""如果你不听话，我就不教你了。"

与其用情感奖励学生，不如为自己的反应制定好对策。编写剧本，排练，然后用平淡、正式、可以预测的声音表演出来，语气中没有鼓励。一开始，你会觉得这很奇怪，甚至很假。但是，把它融入到你的表现中后，你就会对令人讨厌的不良行为做出恰当反应。很好。此外，你的反应需要让学生预测到，这样能让他们感觉到一切都在教师的掌控中。非常棒！把你最美好的表现留到效果最佳时，即当学生表现出色时，你报以热情、鼓励、幽默和关注。

我以前的老师从不花时间考虑如何回应不良行为。他们的表演没有天赋，策略没有经过思考。当他们失去了即兴发挥的活力时，就诉诸情感，希望通过恐吓学生掩盖他们缺乏活力的事实。我在学校时最大的乐趣就是看班主任对我大喊大叫，大发雷霆。朋友们尊重并赞赏我的行为，因为他们觉得我是一个勇敢的战士，敢于挑战强大的成人世界。我是最受关注的那个人，所以觉得自己十分重要。当我刺激老师用幼稚行为做出回应时，我的肾上腺素会极速飙升。

由于大部分时间都花在了课程安排上，所以教师常常会觉得没有时间调整自己的行为，但这点又极其重要。所以，请拿出一张A4纸，花些时间进行规划：确定这星期或这学期要优先规范的行为，然后写出干预的剧本和大纲，确定5个绝对符合一致性的做法，并把控进展方向。

经验丰富的教师不再觉得表演有压力，他们认真排练，泰然自若，让人信服。然而，这些"老演员"（包括我在内）可能会过于依赖过去的表演经验，从而导致裹足不前。为了不断提升行为管理能力，教师需要不断观察自己对学生行为的习惯性反应，并思考这些反应反复传递了什么信息。"你的行为让我受够了！""你要对自己的行为负责！"你经常重复哪些话？会在每句话结尾说"好吗"还是会每小时"嘘"89次？你的教学特点是什么？学生们使用什么剧本？他们用什么反应模式来转移、激发或分散你的注意力？

如何更好地开启剧本式干预

当你决定使用剧本式干预时，要先和你最喜欢的学生一起练习。因为这些学生几乎不需要你对他们使用剧本式干预，所以他们可能会很奇怪地看着你，但这是让学生习惯这种管理技巧的好方法。不要试图立即对最棘手的学生使用，因为要想自信流利地进行30秒的剧本式干预可能需要几个星期的时间。如果你觉得需要根据自己的情况改编剧本，不要改得太复杂，也不要遗漏提醒学生之前的良好行为这一步骤。

你的表演不可能完美无瑕。只要能保证10次中有8次表演出色，学生就会原谅你偶尔的失误或不合时宜的提示，甚至是在你"原形毕露"时罕见暴露出来的恼怒。因为你并不是机器人，而是和坐在面前的学生一样，容易犯错，并不完美。

全员参与的剧本式干预

有一所学校，他们招收的学生中，包括许多有严重社交、情感和行为问题的孩子。这所学校的校长找到我，说："我不知道你能不能帮忙，但我们真的遇到了困难。我桌上有一封当地政府寄来的信，说如果不能提高办学水平，学校就得在今年年底停办。更糟糕的是，我刚刚和高级督学开完会，他也说学校危在旦夕。现在学校处于特别管制中。学生们要么把自己关在教室里，要么在走廊里打架。管理人员很担心他们的安全。我知道你一直在我朋友的学校工作，她觉得也许你能帮上忙。"

情况十分糟糕，问题也很复杂。我天生谨慎，但还没等我提问，她就先说了："我有个主意，有人说你有一个用来管理愤怒学生的剧本。我想让你教给教职员工们，这样我们就能用了！"

我立刻退缩了。剧本只是个别教师的备用方案，其他方法都失败时，可以尝试一下。我没有试过让所有教师统一使用剧本，并且认为这是一刀切的想法，与我作为教师的价值观不符。

"嗯，我不知道这样行不行。我没有经验……"

"我们别无选择。你来培训，我来承担后果，可以吗？"

可以，我喜欢冒险。

我和该校的教职员工们一起工作了两天。我们研发了剧本，并完善了肢体语言和语气。对于可以用来标记不同阶段的视觉线索，我们进行了激烈的争论。我们像演员一样排练，同时认真思考学生的真实反应。这是背水一战，我可以感受到会议室里大家想要扭转局面的决心。

教职员工们积极地投入到了团结协作的行动中。嗯，如果你在为工作、房贷和职业生涯担忧，你也会这样，不是吗？这种团结一致的做法对平息混乱起着至关重要的作用。有趣的是，优秀的学校正是因为如此团结，才取得优异成绩，没有大规模裁员的风险。

这个剧本分为 4 部分，每一部分都是针对事件的阶梯式发展而设计的回应。次日早上，学生们在集合时拿到了剧本。当教师在屏幕上对不同发展阶段做出解释时，学生哄堂大笑。你可以想象他们的心理活动："这些老师又想出了一种'行为解决方案'，他们一定认为我们很愚蠢。我们要像以前一样搞破坏。"

工作人员报告说，头两个星期的情况是有史以来最糟糕的。学生们很快就学会了剧本，并不断地质疑："哦，你漏掉了一个词。""你不是该在这个之前说那个吗？""你确定以前没说过吗？"当教职员工明显冷静下来，他们变本加厉："别用那种平静的腔调，讨厌死了！"

一个月后，校长给我打电话说："保罗，你一定得来。"我的第一反应是："全乱套了，我们不应该冒这个险，后果来得太快了。"但是她却说："他们已经不闹了。"我请她说得详细些。"学生们已经不在走廊里打闹了，不把自己关在教室里了，对工作人员也不再咄咄逼人了。""我这就来！"我说。

能从一位经验丰富的校长口中听到这番话，真是难以置信。当我看到学校里的情况时更是大吃一惊。校园里十分安静，学生都在教室里认真学习。当然，也出现了一些问题，但教职员工已经顺利解决了。他们对学生的信心、管理方法和态度都已发生变化，也更有自信。情况已发生转变，每个人都感到更安全。教室里，我看到教师用剧本说服了那些想要胡闹的学生，他们毫无争议地接受了。我甚至看到一位教师突然走到学生身边，还没等他开口，学生就说："我知道，老师，课间休息时我再和你聊。"

最喜欢这些剧本的是教学支持人员，包括午间督导、助教、学习导师、现场工作人员和后勤人员。没有人教他们说什么或怎么说，他们这几年都是在即兴反应，备受折磨。许多人因为缺乏信心而不再干预不良行为。现在他们游刃有余，所有人都参与其中，不再逃避。因为有了剧本，之前大量来自即兴发挥的压力已经烟消云散。

高级督学写了一份报告，说 6 个星期内"学生行为发生了翻天覆地的变化"。当地政府对学校进行检查后证实了这一惊人奇迹，自然也就取消了学校停办的警告。在 9 个月的时间里，这所学校从"特别管制状态"变成了"评级良好"。对于那些忘我工作的教职员工和比我更了解一致性不仅仅是简单原则的校长，这是非凡的成就。

8 年过去了，他们仍然在使用这些剧本。学生的行为并不完美，也不是一成不变的，但妥善地采用剧本，会鼓励教师用冷静、一致和友善的方法来解决棘手的行为问题。

实践清单

小试牛刀

选择一个或两个微剧本在下个星期使用。可以自己创建，也可以从以下句式中选择。它们能够让你充满自信，顺利开始。

7个肯定的句子，让你走对第一步

1. 你需要……（到教室边上跟我说话）

2. 我需要看见你……（遵守规则）

3. 我希望……（你在2分钟之内把桌子收拾得一尘不染）

4. 我知道你会……（帮凯拉擦掉脸上的笔印）

5. 谢谢你……（放开她的头发，我们边走边谈）

6. 我已经听到你说的话了，现在你必须……（安静地收拾东西，到旁边思考）

7. 我们会……（拥有更美好的明天）

7个有趣的微剧本

1. 你需要明白每个选择都有结果。如果你选择去做这件事，太好了，就会……如果你选择不去做这件事，就会发生……我让你自己做决定。

2. 你还记得你昨天曾帮我收拾东西吗？那才是我今天想看到的斯特凡，那才是你要一直保持的状态。

3. 我不喜欢你的行为，破坏性强，有害又危险。虽然我不喜欢，但仍然相信你将来能成功。

4. 我不会离开学校，我关心这里会发生什么。我相信你将来会很出色。

5. 你觉得哪些不当行为引起了我的注意?

6. 你觉得下节课该怎么做才能避免这种情况发生?

7. 达雷尔，踢门、大喊或晃动仓鼠可不像你的风格。

注意事项

◆ 不要只用微剧本。我看到太多教师很快受到微剧本的诱惑，但没有解决自己的行为问题，也没有设立清晰的常规，更没有与学生建立任何情感交流。微剧本并不是灵丹妙药，而是整个解决方案的一部分；它不是一种强有力的工具，而是建立在文化和环境基础上的策略。

◆ 不要偏离剧本。一开始，教师似乎会很自然地对剧本进行个性化处理或完全跳过："你知道我要说什么，对吧?"但这样做的效果并不好，很快你就会发现自己重新开始即兴发挥。学生也会知道你并不是真的想用剧本，所以他们就会回到默认模式，并开始利用你的不一致。

锦囊妙计

◆ 你讲剧本的时候，如果学生转过脸模仿、和你一起说，或者故意不听，不必理会，继续讲剧本。

◆ 如果低年级的学生在你开始讲剧本时哭了，你就说："哭完我再继续。"然后，你必须巧妙地找到继续的时机，通常是哭闹之间的喘息时间。

◆ 把你要用的微剧本教给学生，而不是把它们当成秘密。如果其他学生无意中听到你在使用剧本，这是一件好事，向他们表明了你是一致且公平的，也让他们知道如果越界会发生什么。

> 他在学期开始时表现出的热情似乎已经消失不见。
>
> ——针对11岁学生保罗·迪克斯的学校报告

第7章

增加包容，减少处罚

纪律严苛应该能够阻止腐败滋生！

音乐剧《玛蒂尔达》（2010）

学生需要包容

由于负面情绪和对实际情况不了解，在英国，社会上展开了关于学生行为的争论，内容无外乎是控制和处罚的方式。从倡导严厉处罚的教育界领导，到公开指责受罚学生的小报，公众关于学生行为的争论中充斥着针对年轻人的攻击。寻找更严厉的处罚措施来打击最有承受力的学生，这种做法我们应该引以为耻。推崇体罚和停学是因为行为管理系统缺乏先进的指导思想，只是盲目、单纯地坚持处罚，而不是让学生发自内心地想要改过自新。

在英国，大多数行为管理系统都是以处罚为主要手段的，每一种错误行为都有相应的、严厉的处罚，以此让学生洗心革面，改变生活方式。对于那些不听话的学生，解决办法就是处罚他们，并且逐渐加大力度，直到他们妥协，不管需要多长时间（如果可能的话）。在过去的200年里，我们对待叛逆学生的处罚方式并没有太大改变。

对于害怕受罚的学生来说，以处罚为主要手段的行为管理系统是一种威慑。前提是，他们所遭受的处罚不是那么复杂、生硬、霸道和丑恶。但对于那些因为家庭创伤或沟通和学习障碍而表现不佳的学生来说，这会让他们更加痛苦。对受到伤害的弱势儿童施加越来越严厉的处罚不仅不公平，而且很残忍，尽管对他们来说，生活中面对的困难远远超过个人或组织施加的任何威慑。

经常性地把学生关进隔离间或让学生单独留校，并不能解决根本问题。受过伤害的学生需要人们的关怀，而不是严厉的处罚。所以不能简单地对他们实施我们认为他们应得的处罚，而是要提供给他们走向成功所需要的帮助。许多教师认识到了这一点，但仍坚持认为处罚能解决问题。学生们因为"罪行"而得到了"应得的处罚"，但教师却很少考虑他们的需求。

许多学生一直在用行为传递这样的信息：他们的需求没有得到满足。但教师常常把这误解为是一种反抗。极为渴望得到帮助的学生会发现自己陷入了捣乱和被处罚的恶性循环。学校似乎无计可施，在得不到有效支援的情况下，要么陷入绝望，要么陷入寻找"解决方案"的"疯狂"。许多有特殊教育需求或心理障碍的学生，因此陷入了更加艰难的境地。

接纳每一个学生

停学这样的严厉处罚满足了某些教师的需求，因为可以暂时缓解教室里的混乱。但是，对于学生需求的满足，则几乎没有任何积极意义。

曾有人在美国特许学校运动中提出"别找借口"的口号，虽然理想远大但结果不尽如人意。有些学校用它来号召所有教师追求最高标准，这值得称赞。但在另外一些学校，它沦为某些教师的工具，被用来对学生进行名为"教育"的欺凌。

当然，以处罚为主的行为管理系统并非用于所有学生，而是专门针对贫困学生，作为一种"灵丹妙药"，无须申请即可投入使用。我去过数百所私立学校，从未听到一位家长或教师恳求减少宽容，加大处罚力度。几乎没有父母会甘愿为欺凌孩子、强迫孩子服从的教育买单。相反，他们希望学校能培养学生自立和坚定的品格，让学生目标远大、快乐成长，同时提高教师的技能。以处罚为主的行为管理系统好像只是强加在贫困学生身上，却没有人问他们是否需要。

严厉的处罚系统赋予了教师较大的权力，并孕育出一种相互对立的文化。学生们盲目服从要求的背后很可能隐藏着教师对权力的不合理使用，值得警惕。

一些教师表面上与学生平静交谈，然后将他们轻轻地推到门外，说："你看，旁边那所学校还有名额。如果你不喜欢这里，可以转学，也许他们的教学方式更适合你。"这种行为背后其实是冷漠无情和哗众取宠。以隐蔽的方式挑选学生的做法证明了他们教育理念的缺陷，真是金玉其外，败絮其中。

在对最弱势群体的教育中，上述做法获得了认可。如果我们忽视那些不适应的学生，把他们转走或劝退，留给别人解决，那么这种极具排斥性的严苛系统表面上可以"奏效"，但实际上却为整个社会埋下了不满的种子。

我经常受邀访问一些处罚系统已经瘫痪的学校，比如英格兰北部的一所中学，当时那里的情况已经十分危急。自开学以来，学校允许并鼓励所有教职员工对不良行为进行留校1小时的处罚，哪怕学生只是轻微违反规则。起初有些效果，学生有所收敛，因为他们对这种新举措有些警惕。但

3个星期后，情况迅速恶化。星期三，我来到学校，问副校长晚上有多少学生留校，得到的回答是253人（全校一共800人）。"253！"我大吃一惊。"是的，星期五会再加280人。"副校长回答。一多半的学生留校，而且你可以想象有些学生已经被罚不止一次了。与学生交谈时，我发现他们显然已经找到了破坏这种处罚系统的办法，其中一个学生说："他们不能一直让我们留校，因为一个星期时间不够他们用的。"另一个笑着说："我还要留校38个小时呢。"

一些行为管理措施的表达方式会产生不必要的攻击效果，比如：别找借口，没法商量。这种表达只是在显示强势。当人们看到"零容忍"这个词时，可能会将其解读为"没有限制的处罚"。

减少宽容，增加处罚，会让更多学生被停学。过去，学校可以容忍学生，但现在却让他们停学，说他们不适合，然后把他们转来转去。这些学生只有遇到包容他们的教师才能得救（如果幸运的话）。对低年级的孩子来说，这是多么可怕啊。同时这也反映出我们表现耐心和智慧的能力是多么糟糕："我们管不了你，去找有能力的人吧。"由此我们看到了停学带来的影响和社会成本。似乎我们越早开除学生，对他们和公共财政造成的损失就越大。有些学校表现得好像他们有权选择学生，那种傲慢态度令人诧异。

通过观察学生家庭，我们可以充分了解如何管理极端行为。当一个孩子在家里的表现差得让人震惊时，他会受到处罚，比如被撵上床，或者被要求坐在"淘气台阶"上。家长会跟他谈话，试图改变他的行为。处罚要迅速，不能将孩子逐出家门或隔离几个小时，家长必须帮助孩子弥补损失；也不能委托给他人，把孩子送走了事。那么，为什么学校里教师的管理方式应该有所不同呢？

如果我们干脆取消停学会怎么样？如果我们决定，要努力为自己学校的每一位学生都找到合适的管理办法，会怎么样？如果我们决定接受现状，不与其他学校交换学生，也不会只挑听话的，不要叛逆的，会怎么样？如果我们相信所有学生都有属于他们个人的需求，不再给他们贴上"特殊"的标签，并接受学校里的每个学生，那会怎样？如果处罚和停学能够解决不良行为，我们就不会再谈论它们了。只有当我们学会绝对宽容时，才不需要老生常谈。毕竟，优秀的学校不是仅能让顺从的学生取得成功，而是能让所有学生取得成功。

如何对待社会中受伤最深、最弱势和行为最糟的人，能反映出我们的人性。最开明的学校会在各种细微之处不断给学生传递这样的信息："不良行为到此为止"——一旦发现不良行为，我们就会处理，因为你是我们中的一员，我们不会放任不管；我们也会信守"每个学生都属于学校"的承诺。这样的学校知道，有效地管理学生的不良行为，并始终让学生不用担心自己在学校会受到威胁，是完全有可能的。

应对次要行为问题的10个方法

教师追踪次要行为时会陷入疯狂争吵和尖叫命令状态："看着我，看着我，把帽子摘下来，我跟你说看着我，把手机收起来，坐下，收起那副表情，把帽子摘下来，把电话放下。"试着找到次要行为问题的本质——偏离主题，能让你专注于真正想要解决的问题。当愤怒的学生离开教室并砰的一声把门关上时，他的主要行为是离开，次要行为是挑衅。尽管摔门可能会刺激你跟着学生到走廊里去，对摔门的事大发雷霆，但不要这样做，因为没有好结果。处理次要行为问题的恰当时机总会有的，但绝不是在情绪最激动的时候。

　　追踪次要行为似乎完全是本能反应。当学生因为不良行为被找去谈话时，如果他们的反应极其恶劣，教师就很容易想去首先压制他们的无礼、好斗或没有丝毫尊重的嘟嘟囔囔。然而，追踪次要行为会把事情搞砸，毫无成效。你对学生抗议行为的追踪，会让他们几乎不再需要为最初行为负责，因为你很快就会发现自己陷入了一个个对于枝节问题的争论中，完全迷失了方向。

10个应对次要行为问题的方法

1. 不要反唇相讥。

2. 不要追踪次要行为或参与权力博弈①。

3. 条件允许时，可以选择在当时解决问题，但如果发现你的做法很可能激化矛盾，则马上放弃。

4. 忍住不提过去的不良行为，如："这是你这学期第23次不听命令！"

5. 不要在学生离开时跟他们走，除非出于安全考虑（例如教室门对着主干道）而不得不这样做。通常，紧随其后会再次激怒对方。

6. 记住，你是教师，关注想要的结果，而不是争论。

7. 多问问题，不要指责学生。

8. 关注接下来会发生什么，稍后再回顾刚刚发生的事情。

9. 可能的话，把学生带到安全的地方，远离公众视线和观众压力。

10. 切换到倾听模式。现在不是长篇大论的时候，几乎可以肯定，此时无声胜有声。

---

① 权力博弈是一种"你做了/我没做"的争论，通常结局是教师借助地位或外部权力而获胜（见第9章）。——作者注

处罚的矛盾

在英国，关于学生行为的争论的核心是，转介机构和可替代条款学院是否没有必要对学生进行处罚，而应该采用治疗性方法。

在一个包括9所学校的多学院信托机构中，我担任董事会主席。该机构是由这些学校组成的大家庭，而不是由一所学校牵头的组织。这些学校的价值观和教学方法十分统一，会招收表现最差、最不幸的学生。这些学生原来在主流学校上学，但是遭到了排斥。他们把成人世界的罪恶铭记在心，因此故意放弃最后的机会以违背成人的意志。处罚文化只是加剧了他们的问题，从而使他们更激烈地对抗这个管理系统。

当用治疗、指导、传授和爱代替处罚时，学生就会改变。简而言之，当教育者改变时，一切都改变了。虽然你曾经特意穿过马路想要避开某个学生，但当他长大成人时，可能会反过来特意穿过马路来帮助你，这不是通过五花八门的处罚实现的。人们普遍认为，优秀的可替代条款学校之所以成功，是因为它对最需要帮助的不同个体采取了不同的方法。

处罚系统本质上并不灵活，是由过程主导，无法满足个体需要。一些学校不解决自身问题，而是告诉学生他们不适合在该学校学习，并固执地认为，如果学校表现出任何弱点，整个系统就会崩溃。

令人难以置信的是，同样是这些在主流教育中失败的学生，在一英里之外同样的教室里、不同的教师面前取得了成功。

给学生一个友善包容的空间

教室带有隔离间表明学校已经放弃管理，无计可施。这相当于对那些经常不知道自己做错了什么的学生大喊"我们不知道该怎么办"。如果学生与学校其他人员长时间隔离，我敢打赌，他们中80%以上的人都会出现额外问题。有些学生会被诊断出有特殊教育需求或学习障碍，另一些则会受隐性问题困扰：创伤、焦虑、依恋障碍、悲哀或颓废。而每天和他们朝夕相处的教师明显了解这种情况。面对少数被成人世界的罪恶笼罩的学生，一些教师不仅无视他们的感受，甚至还将他们关进隔离间，并认为自己是在对他们进行"教育"。这些隔离间不是那些被迫坐在里面的学生的耻辱，而是我们所有教育者的耻辱。

我最近遇到的一个学生在上个学年总共被隔离了35天，他迫切需要教师们允许自己失败，并得到他们的同情和支持。然而，他甚至都不被允许尝试求助。盯着墙独自面对自己的问题，是对学生最残酷的处罚，这让他们仿佛被困在特殊教育和主流教育之间的无人区。还有一些学生，他们在学校受到的隔离处罚强度之大，放在英国的羁押环境下也是属于违法的。

在开放的教室里，低矮的屏风可以帮助有感官问题的学生减轻感官负荷，为他们提供私人空间。类似这样的巧妙布置，非常值得参考借鉴。我们应该帮助那些努力融入集体的学生，而不是把他们隔离起来——即使他们在那里似乎更快乐。如果学生表现出相比教室更喜欢隔离间，那么教师们就需要思考如何让教室环境更友善、更具包容性。

隔离是一种"一直放弃"的处罚。短时间隔离学生能帮助教师有效地调整期望或找到解决眼前问题的方法，但长时间或反复采用隔离的办法会让学生觉得没有人真正需要自己。强迫学生认为自己在独自面对问题是一种不当处罚，表明集体缺乏同理心。我们花了那么多精力告诉学生，他们属于一个集体，一个团队，还竭尽全力地满足他们各种各样的需求，但当他们行为出现问题时，我们却开始回避。面对不良行为时，除了把他们关进隔离间没有更明智的做法，这让我感到非常惭愧。

探索处罚的替代方案

我们用来掩饰强制隔离的语言越来越有创意了，隔离间的名称就是很好的证明。我们随意称之为"孤立地""隐居地""洞穴""心态成长室""休息室""评分室""挑战室""暂休室"，甚至叫"包容室"（但我认为这个小屋是最不包容的地方了）。对受过伤害的孩子施加大量处罚的做法是错误的，呼应了维多利亚时代的过时观念，即儿童是不完美的成年人，要么成熟，要么堕落。

在学生看来，反复隔离是一种不当处罚，只能清楚证明教师已经无计可施，准备放弃。学生们打算在隔离间见面不是因为想在那里玩耍，而是因为知道在那里待着会孤独（他们很有同情心，值得称赞）。教师降低期望，想重塑权威，但学生们带着怨恨结束隔离，并没有改过自新，反而更加反抗权威。由此可见，隔离并不能教会学生任何对课堂有益的行为方式。

我知道有些学生喜欢自愿隔离，因为那里很安静，能够让他们平静下来，或从高强度的学习中暂时抽身喘口气。我也明白这种房间能给需要隔离的学生提供容身之处，比如，当杰米莉亚大发脾气时，她或许可以去隔离间冷静一下。然而，我们在隔离间流行之前也能处理所有这些问题。虽然隔离是停学的一种创造性替代方案，但是它并不能从根本上解决问题。如果隔离是为了让学生冷静下来，那么1小时就是最大限度；如果只是让苦苦挣扎的教师喘口气，那就没必要把学生关起来。

提醒—警告—最后机会—暂停—纠错

在20世纪90年代初期引入美国行为管理体系后，人们开始用步步升级的处罚方法应对不良行为。从那时起，这种处罚方法不断呈现出无数种形式和变体。如何安排每一步处罚很重要：如果严厉的处罚过多，教师与学生间的信任会受到损害，学生会更加叛逆；如果严厉的处罚过少，就会导致不良行为肆无忌惮地滋生。仔细查看你在班级中为强调行为标准而采取的步骤。

我在参观过程中见过的最失败的阶梯式处罚系统是从C1（警告）、C2（留校30分钟）、C3（留校60分钟）、C4（留校90分钟）到C5（隔离）。在这样的系统中，教师精疲力竭地试图追踪，并且强制实施留校。在参观过的一所运行这种系统的学校中，我发现学生们在想方设法进行破坏。在这所每天上5节课并且每节课可"赚取"1小时留校时间的中学里，学生一个星期就可能欠下20多个小时的留校时间！

这种系统看起来坚固强大，但实际上，它们造成的问题比解决的问题还多。很快，教师开始抱怨无法真正执行留校，学生仍然"逍遥法外"。班主任和校领导之间的鸿沟越来越大，因为每个人都可以看出来，本应保持一致的系统根本不是眼前这样。教师不再责备学生，而是与同事互相责备，形成不良风气，丧失团队精神。

另一方面，这类系统中的处罚步骤很可能十分冗长，给学生的机会数不胜数，包括：C1（提醒）、C2（再次提醒）、C3（口头警告）、C4（记名警告）、C5（最后机会）、C6（换座）、C7（反省时间）、C8（和助教一起离开教室）。相比于给予太多处罚，更糟糕的事是在应该处罚的时候没有执行。无数次的"提醒"或"警告"并没有实质作用，只会让学生觉得不良行为根本不会受到任何处罚。在这样的系统中，教师不可能记得每个学生处于处罚的哪个阶段，因此他们自然会默认使用更"省事"的系统，包括警告、隔离和留校，或者会加快处罚的进程，导致对学生的处罚失当。给学生太多机会让事情变得一团糟。

使用"C"系列给处罚命名会加剧此类系统造成的混乱。"我什么也没干，但老师给了我C4。""她给了我2级。"教师与学生关于行为的对话中充斥着简略的表达方式。学生不知道是哪种具体行为导致自己受到处罚，所以也就不知道如何承担责任。

我使用了一套精简的"处罚步骤"（见图表），处理轻微，但是明确；是恢复性手段，而不是处罚，包括提醒、警告、最后机会（2分钟）、暂停和纠错。无需为处罚编号或进行其他复杂操作。

	步骤	行为
1	提醒	提醒学生3个简单的规则（准备就绪、尊重他人、保证安全——见第10章）或3步常规（见第5章），尽可能与他们私下交流。如果需要合理调整，请重复提醒。主动争取在这个阶段解决问题
2	警告	在可能的情况下，私下明确地口头警告，让他们意识到自己的行为，并清楚、简要地说明他们继续这样做的后果。你可以这样表述："想好下一步要怎么做"
3	最后机会	与学生私下交谈，给他们最后一次机会，提供正面选择，列举之前的良好行为。你可以使用30秒的剧本干预（见第6章）。我总是把"下课在教室后面站2分钟"附加到这一步，这不意味着教师要与学生就行为问题进行谈话，而是当学生到这达一步骤时，应该付出的2分钟不能被取消、缩短或替代
4	暂停	暂停可能是在教室门外、专门的反省地点或操场边上待一会儿。给学生几分钟喘息时间，让他们冷静下来，从不同的角度思考问题并放松一下
5	纠错	可能是休息时间在操场上短暂聊天或正式开会（见第8章）

额外作业的妙用

如果学生需要追赶或弥补在学习中损失的时间，那么额外的作业既快速又有效，而且不会占用教职员工宝贵的时间。这种额外的作业必须在当天晚上完成，由家长签字并在第二天早上第一时间提交。通过签名，父母能够知道孩子有些要求没有达到，学生也会明白不完成任务自然会产生后果，且承担挽回损失责任的应该是他们自己，而不是教师。教师只需要预先写好简短的说明，装订在作业上，留一个空白处供家长签名，并提醒学生上交给自己的时间以及必须完成的作业量。

以前，学生在被留校时备受煎熬，他们会眼睛盯着墙壁，在心里想着如何破坏教学。现在他们中的大多数将有机会在家中完成任务。少数学生会逃避额外作业，所以一开始教师不得不对他们采用更严厉的处罚。然而，随着留校人数大幅减少，教职员工时间更加充裕，将有更多机会优先考虑那些试图逃避处罚的学生。在曼彻斯特地区特拉福德市的弗利克斯顿女子学校，校长多萝西·特拉塞尔表示，他们在2015年到2016年的12个月内通过额外作业、减少课堂处罚和恢复性谈话等手段，将留校人数减少了91%以上。

用恢复性会议取代严厉处罚

"你觉得我们能完全取消留校吗？"类似的电话很多，这次是一位副校长打来的。当时我在市中心的一所学校和他共事，他正在试行恢复性谈话并取得了阶段性成功。"我觉得能，但需要循序渐进。""不能循序渐进，"他回答说，"我们快点取消吧，用恢复性谈话代替，可以吗？"我同意了。

我们想出了一套方案，确保领导团队为教职员工提供明确、实际的支持，以缓解取消留校带来的冲击。我们没有在全校范围内召开大量纠错会议，而是让需要改正错误的学生在大厅里集合，到资深管理人员那里签到，然后被教师带到附近的桌旁交谈。会谈中不太可能出现严重问题，因为教师知道，必要时资深同事可以提供支持。第一次尝试这种新做法时，要确保每位教师都感受到了充分支持，这是该策略的关键。

缺席纠错会议的学生在第二天早上上课前会被要求离校，他们的家长会因此立即打来电话。没过多久，他们就能意识到学校是在认真进行行为纠错。实际上，学生比教师更快看到了以纠错代替留校的好处。通过调查，他们觉得有越来越多的教师喜欢他们，因此这种做法改善了师生关系，加强了双方对彼此的信任。

> 学校里没有留校处罚，学生很开心，并且大部分都很合作，因为他们了解学校的行为要求。当出现不符合要求的行为时，学校会采取公平一致的处理方式。积极行为管理就是"我们的管理方式"。
>
> ——该校副校长

对七年级的教师来说，取消留校的第一个学期可以轻松度过，但对九年级，尤其是十一年级的教师来说却很困难，因为他们已经习惯了传统的行为管理方式，很难接受管理文化的改变。然而，最终，整个学期都没有实施过留校处罚这个事实，让全体教职员工感到很惊讶并大受鼓舞。接下来两个学期的数据表明，纠错会议的数量和大厅的使用率大幅下降，因为教师们更有信心自己组织会议。在十一年级毕业，迎接七年级新生到来时，学校能够告诉新生家长，这是一所"没有留校处罚"的学校。

5年来，这所学校蓬勃发展，取得了丰硕成果，检查结果位列榜首。校园里，教师心情愉悦，学生快乐成长。校长和副校长携手前进，共创辉煌。但遗憾的是，新校长在上任第一天就出台了关于留校和隔离的处罚标准。自那以后，这所学校每况愈下。

实践清单

小试牛刀

在接下来的一星期里，列出你注意到的学生次要行为。花点时间思考他们这么做的原因，一定不要立即做出回应。对于更极端的次要行为，请记录下来，然后进行恢复性谈话。当每个人都冷静时，这肯定会派上用场。

修改你对不良行为的处罚步骤。这些步骤是过于苛刻还是过于繁杂？能在课后2分钟内进行完毕吗？

注意事项

◆ 不要公开私下谈话中达成一致的内容。

◆ 不要把恢复性会议变成一种处罚，比如："好，这样，这星期你每天放学后都和我一起进行恢复性会议。"

◆ 不要破坏解决问题的过程，因为你还没有准备好面对由此产生的挫败感，比如："好吧，因为你的行为仍然很糟糕，所以让我们快速解决这些问题，但我不知道有什么帮助。"

◆ 不要把恢复性会议当成灵丹妙药。学生需要足够的时间才能充分回答问题并正确反思。坚持并逐渐建立信任，培养良知，会让每个人都能更加了解自己的行为。

锦囊妙计

◆ 限制隔离。有时必须隔离学生，但关键是每次都要监控和记录时间。如果没有时间限制，在室外冷静片刻就变成了在校园中悠闲漫步，这种隔离方式能让学生开心，但如果反复使用，就很容易在一个星期内浪费好几个小时。

◆ 要让所有教师达成共识：不能因为学生的不良行为而把他们定义为"坏孩子"。应该坚定地把学生和他们的行为分开来看，同时有意识地教授他们新的常规。告诉所有教师，危机过后的冷静时间平均为40分钟。研究并理解越愤怒、越处罚，效果越不好。比如，当学生每次从完全失控中冷静下来后，下一次就会变得更加难以镇静。对于许多学生来说，反复控制情绪几乎是不可能的。

◆ 培训自己的学习导师。培养助教、行为督导、家长和年龄较大的学生作为学习导师，并确保每个学生都有一个可以合作并信任的导师，但导师要与处罚或行为管理事件无关。

◆ 培养学校在内部为不同学生群体提供治疗性干预和解决方案的能力。为教师提供真正合适的相关培训。乐高疗法是一个很好的起点，过程简单，感觉就像成人和儿童玩游戏一样，但要找到适合学生需求的教学方法，并想办法得到资助。

◆ 在游戏时间和午餐时间，为需要的学生建立一个安全的空间，确保他们有地方可去，确保有人有时间陪伴他们。通常情况下，在游戏的混乱声中，备受煎熬的学生最终会站在操场一边，盯着墙发呆。

◆ 把行为事件的后果作为教学机会，教授给学生新的应对方法。

> 我管不了这个男孩。
>
> ——针对16岁学生保罗·迪克斯的学校报告

第**8**章

用恢复性谈话培养良好行为

· ·

处罚无法培养良好行为，但恢复性谈话可以。

· ·

20年前，用恢复性谈话代替留校的想法会被公开嘲笑。如今，人们开始用好奇而非嘲讽的眼光审视学校（比如美国马里兰州巴尔的摩市的罗伯特·W. 科尔曼小学）用冥想取代处罚的做法，说明事情在发生转变。

你与学生之间是否能形成的积极关系，取决于你解决问题的默认模式是否是恢复性方法。没有人真的想卷入没完没了的留校处罚决定、过程处理、追踪、再次追踪、和负责人员谈话、继续追踪、追问"为什么他还没完成任务"的循环。所以，你需要不断努力、坚持不懈并灵活应变才能让一些学生认真对待你。然而，如果你竭尽全力，成功让学生听从你的指令，却只是让他们安静地坐着、完成抄写作业、独自学习或盯着天花板，这个机会就浪费了。同样，如果你竭尽全力只是为了迫使学生完成处罚任务，以便有人可以得到晋升，那么就不会带来积极的效果，因为如果学生没有办法反观自己的所作所为，就不能冷静下来思考自己错在哪里以及如何改正。处罚不是好方法，更像机关枪，随机扫射，伤亡不一，但恢复性方法可以正面纠正不良行为，就这么简单。

许多被关押在监狱中的成年人始终无法正确看待甚至无视自己的行为对他人的影响。其实，这种思考与做事的方式随处可见：在旅途中、在办公室里、在别人身上，有时也在镜子里。如果我们想要建设一个人人相互联系、相互关照的社会，那么学生在离开学校时就需要明白自己的行为对他人的影响。停学和退学并不能教会他们我们想让他们学到的东西。我们的本意是好的，但却仍然有可能为社会培养出一群不懂尊重、不知感恩的年轻人。

然而，并不是每个不良行为都需要通过恢复性谈话来解决。学校如果对此强制要求，不仅会让教师抓狂，还会让他们对恢复性实践望而却步。我们没必要因为阿尔塔夫把薯片包装袋扔到操场上就小题大做地跟他谈15分钟，但当师生信任崩塌或学生行为低于最低标准时，我们就需要进行恢复性谈话了。而且当学生脾气暴躁、礼貌全无，或者口无遮拦时，这往往是满足所有人需求的唯一途径。

组织恢复性会议的关键

恢复性谈话不仅仅是一个过程或一组问题，教师的行为是这一切的核心。

学生和教师一起参加恢复性会议或任何与行为有关的会议时，都会感觉场面令人生畏，因此可能高度警惕。这时，细节非常重要，比如你的肢体语言、房间布置、语气、语调变化和态度，这些细节都会被仔细解读、评判或错误理解。如果你坐在桌子后面记着笔记，眼镜滑落到鼻尖，神情沮丧，那么这个恢复性会议就不太可能有成效。同样，如果你过于放松，或者状态变化太过突然，则可能会显得很奇怪。

办公室不是坦诚反思的理想场所。教师和学生最好是边走边谈，或者共同参与某项活动，以减轻双方谈话压力。教师坐在学生身边或与学生肩并肩地走，可以消除他们的恐惧。你们可以玩乐高或培乐多彩泥，也可以用脚踢树叶，不用像进行面试一样问答。你们还可以一起拼图，做点园艺，或者整理图书，以此调节气氛，这样学生就有更多机会袒露心声。边走边谈一直是我及时处理不良行为的首选方式，当然，高年级学生会忍不住说："啊，老师，我现在可以走了吗？别让我……"但大多数学生都会回答："好吧，我们边走边谈。"

让恢复性会议真正有效的11种方法

如果你坚持在办公室或教室开会，应该考虑做出如下微调：

1. 不要坐在桌子后面或上面。

2. 不管你对会议讨论的行为多么恼火，试着把注意力集中在想要的结果上。

3. 预留足够的时间开会。"还有5分钟开始上课，但是……"这样不够好。你需要留15分钟，虽然会议实际时长可能不会超过10分钟，但多预留些时间不至于太匆忙。

4. 要抑制大量做笔记的冲动。因为，在学生说话时大量做笔记，会让学生感觉自己说的每个字都被记了下来，不利于他们思考和自由发言。

5. 给学生准备一杯水。

6. 开会时，让办公室或教室的门保持敞开。

7. 通过自己的反思来回答问题，而不是设想学生的想法。

8. 一定要小心避免评判性语言。因为评判性语言会破坏谈话，使学生产生强烈的防御性反应。

9. 避免被打扰。"这次会议很重要，我们晚点再谈可以吗？"

10. 不要在会议开始时挑剔学生的校服、领带、外套、帽子等，否则会让学生感觉你在强调地位，并将会议引向错误的方向。如果前一分钟你还在斥责学生，就很难在下一分钟让他对自己的行为做出诚实、冷静和全面的反思。

11. 完美结束会议。计划好结束会议的方式，注意不要在结束时引出新的话题，比如，"哦，等一下，昨天艾姆斯老师出了点问题……"

5个恢复性问题

5个问题就已足够。从下面的建议中选择5条，在下次会议上进行尝试。你可以把它们写在计划本里或卡片上，这样，在需要时可以随时拿到。当你和学生一起解决问题时，记住，你们双方的看法折中之后即是真相。

1. 发生了什么事？

认真、冷静地倾听学生的叙述，不要打断或反驳，这很重要。从自己的角度叙述，不加评判，同样也很重要。不要说"然后你自作聪明，把颜料倒在了可怜的约瑟夫身上"。注意你表达观点的方式，要放慢节奏，小心谨慎。毕竟，如果会议结果已经决定，那么提问就显得多余。

2. 你当时在想什么？

这种问题能帮助学生重新考虑他们的行为，并重现思维过程。他们当时的想法在你（和其他旁观者）看来可能是不合理的。然而，对于学生来说，最初的想法可能已经不知不觉地把他们引向错误的道路。

3. 后来你想了什么？

这个问题可能会让学生转变态度，改变解释，甚至道歉。他们可能会陷入愤怒或沮丧的负面情绪中。他们中有些人会跑题，也有些人会切入问题核心。你可能需要帮助他们梳理思路。

4. 别人感觉如何？

学生可能没有意识到其他人对自己行为的反应。在事发后，你必须帮他们清楚认识到这一切。你要确保学生学会考虑他人，考虑自己愤怒时的行为会对那些感到担心的同学、震惊的访客或感到害怕的低年级学生产生什么影响。当然，事发时，他们可能根本就没有注意到现场躲在衣架后的同学，或被推来推去的低年级学生。这就明显关系到下一个问题。

5. 谁受到了影响？

在被问到"谁受到了影响"时，学生的回答通常是"我，我被赶出去了，没有休息时间了，钢笔也坏了"。只有在温和的鼓励下，他们才能更全面地看问题。"哈里斯老师不教数学了会受到什么影响？讨厌别人一惊一乍的杰迈玛呢？妈妈会怎么说呢？课间时等你去参加乐队排练的乔尔呢？"你会发现问题问得越细，学生就越容易回答。当这种反思成为习惯，在不良行为发生时，甚至是发生之前，学生就能主动思考自己的行为会为哪些人带来影响。

在会议的这一部分结束后，考虑下一个问题之前，要求学生列出受影响的人。你或许可以这样说："受影响的人很多，不是吗？"

6. 他们是如何受到影响的？

一个5岁的孩子插队挤在就餐队伍的最前面，丝毫不顾及正在耐心排队的29个孩子。我们一直告诉学生，他们的行为可能会对他人产生影响。在学校教育的早期，教师花了大量时间向学生展示他们的行为是如何影响他人的，并且还刻意鼓励他们设身处地为他人着想。然而，我们都遇到过一些好像错过了这一部分教育的孩子，到13岁或15岁，甚至48岁时，他们似乎还是不明白自己的行为对他人产生的影响，所以在社会上表现得十分自私，不考虑别人。

7. 我们应该怎样纠正错误呢?

对许多教师来说，这时应该坐下来等待学生道歉。在很多恢复性会议中，这个问题都属于一个难点。如果会议进行得不顺利，事情就会越来越麻烦。所以，这时很重要的一点就是不要要求学生道歉。也许还有其他办法来纠正错误。即使从教师的角度来看，道歉显然是"正确"的一步，也要抑制住冲动，不要把话题引到这上面来。每个家长都知道强迫孩子道歉没用。学生可能需要一段时间才能认错，可能无需恢复性谈话也能道歉。或许你不喜欢他们道歉的语气，但尽量不要批评，因为他们可能需要更多帮助才能做得完美。无论何时，只要有人向我道歉，我都会热情地接受并回应，即使我知道道歉的话应该说得更真诚一点。

8. 我们以后怎么做才能有所改变?

有一些前瞻性思维和想象力是件不错的事。学生以后很可能会遇到类似的情况和挫折，事先计划能够帮助他们了解自己的错误行为可能从何时开始。虽然这并不意味着他们能够立即改正，但肯定能让他们更清楚地意识到自己是否做出了错误的选择。

针对低年级学生的恢复性问题

问一名5岁的学生5个恢复性问题可能会太过仓促，你可以选择2个和事件相关或针对这个学生的问题。随着学生的成长，你可以提出更多问题。要首先根据学生的实际情况选择问题，而不是只根据年龄。我曾与

14岁的学生进行过看似不可能的恢复性谈话，对他来说，2个问题比5个问题更有可能达到效果。对于低年级的学生，我喜欢问"还有谁受到了影响"以及"我们怎样纠正错误"这两个问题，重点是要确保学生能够明白他们的行为不仅仅影响了自己。

学生不开口时要做的3件事

1. "好吧，想象一下，如果……（比如：有人受到影响、有办法纠正错误、你可以采取不同的做法）可能是什么（谁）呢？"

2. "按1~10分算，你的生气程度有几分？"

3. 如果学生还没有准备好回答，你可以等待或者提供一些帮助："我知道你还没有准备好，需要一两分钟的时间思考吗？还是想明天与泰特老师见面，让她坐下来帮你解答？"

维护班主任权威

每当瑞安开始捣乱时，总会搞得人尽皆知，所以大家已经完全能预测到他接下来的行为。教师委婉地要求他做一些社交活动以外的事情，但他却不以为意，先进行人身攻击，并扔椅子、摔门，然后爬上屋顶，把瓦片扔进没人用过的室外游泳池，并大喊："我不会下来，叫消防队来，我不怕！"瑞安喜欢横冲直撞，让人喘不过气。但他这样做并没有恶意，只是精心策划一场闹剧以寻求关注。你看，瑞安已经知道，如果他的行为过于恶劣，教师就会放弃管理，把他交给上级领导。

所以，在某个星期四的晚上，学校理事召开会议商讨是否要让瑞安留校，如果留的话，怎么留。我知道瑞安的把戏，决定不再配合他。不知不觉中我来到会议室门口敲了敲门，校长开门发现是我之后一脸震惊："呃，迪克斯先生，你在这里做什么？"

我解释说，我需要先和瑞安谈谈，因为明天早上要教他的人是我，他要面对的是我，为他的行为负责的是我，要和他建立良好关系的还是我，所以他应该穿上外套，由我带他回到正轨。校长聚精会神地听着，奇怪地看着我，然后当着我的面把门关上了。

有多少学生和瑞安想法一样？即如果事态迅速升级，自己被交给上一级领导处理，那么自己就会更接近权力中心，不需要听从普通教师的命令。系统性地把学生的行为问题移交给上级领导处理，其实是剥夺了班主任有效跟进的机会。但学校领导们认为，问题最严重的学生，应该由最厉害的人管教。他们还在闭门会议中商讨制定统一目标，并为班主任们制订了相应的行为管理计划。这让人们总觉得领导们拥有着"终极武器"，但班主任的权威也因此被削弱了。

很多时候，行为管理原则失败的根本原因是把学生当成"麻烦"，这是一种落后的观念。当教师把相关文件交给上级领导时，学生就得到了一个简单信息："你对付不了我。"没有什么比这种文件更能说明"教师已经放弃管理"了。许多学校的这种校内转介现象让相关人员不堪重负。因此，上级领导没有时间处理紧急情况，沟通无法继续，信息遭到忽略，于是，怀疑在上级领导和普通教师之间开始滋生。所以我们要摆脱把学生当成"麻烦"的想法，不再用文件和电子邮件推卸责任，而是开始合作，加强沟通，共同从源头上管理不良行为。

在管理和改善行为的过程中，跟进是最重要的。如果你想建立长期的、真正的一致性，那么，如何以及何时跟进是关键因素。坚持跟进，如实记录，不管学生名声如何，都确保亲自管理自己的每位学生，这样的教师会得到学生的尊重。跟进有很多作用，比如把学生的不良行为扼杀在萌芽状态（"我们可以谈谈你昨天走时对我说的话吗？"），有理有据地与学生冷静对质（"我们一起来回顾一下你昨天'无意'中做的发型——可以一起看录像吗？"），以及让学生父母及时了解自己孩子在学校里遇到的问题，并共同寻找解决办法（用家访的方式）。跟进能确保学生直面后果，进行反省，明确接下来的要求。记住，你的课堂，你的责任，你的一致标准。如果其他教师随意插手，对你的学生实施处罚并重新设定纪律，那么无论你多么迫切地希望学生能纠正不良行为，最终都将无济于事。而且，如果你允许其他教师参与管理，可能会削弱自己在学生心中的重要地位。

你的目标是成为人们心目中"总是能管住学生"的教师，就像20世纪70年代电视节目里的神探一样冷酷无情。

一旦你有了这样的名声，学生就不会再试图逃避自己不良行为带来的后果，而是会在你靠近时改变自己的行为，有些学生甚至会在你开口之前就道歉，并供出"同伙"。他们不再叫你滚开，不再用他们的父亲来威胁你，而是决定做出改变。这样，你的做法才算真正取得成效，而不只是起到威慑作用。然而，通过所有这些看似负面的干预，学生能够感觉到的是：无论顺利与否，教师都会陪伴在他们左右。

我和继续教育教师一起工作时，发现他们看学生就像机械师看我的车一样，带着"没人教他们学校的规矩吗"这种难以置信的感觉。中学教师对着学生责备他们的小学老师："过去7年，他们到底教了你们什么？"小学教师则指责幼儿园教师。而当发生的事情与幼儿园教师无关时，家长则很容易成为最终的指责对象。学生是在一定环境中，根据过去经验和当前关系做出某种行为的。行为的学习不是一蹴而就的，他们会向遇到的每一个人学习、再学习。他们知道谁会迅速推卸责任，谁会过于依赖处理流程，谁会忘记实施处罚，谁会决定处罚后却不执行，以及谁不会如此。

事实上，对于哪些教师不会对学生放任不管，每个学生都心知肚明。

跟进意味着投入时间，强调宽容的底线，拯救最有可能学坏的学生，也创造了更多机会进行恢复性谈话，从而建立和重修师生关系，并加强彼此尊重和相互信任。

美好的道歉

有时，只与学生进行恢复性谈话是不够的。如果教师偶尔行为失当，则需要向全班道歉。当然，即使明显需要道歉，也还是有些教师会固执地拒绝。他们越来越傲慢，让处罚不断升级，对问题视而不见，还以此为骄傲，这么做不会有好结果。

教师的真诚道歉会让学生大为震惊，从而改变自己的行为。只是单纯正式道歉并不合格，你要完美地树立一个榜样，表现出自己的谦虚。这样，当学生重新信任你时，这种信任会比以往任何时候都更加牢固。学生们会在储物柜后面窃窃私语："老师疯了，他在跟我们道歉！"他们之前因为教师言行不一而感到愤怒，现在怒气消散了，未来师生之间会更加坦诚。

将恢复性思维融入处罚的实践

对学生实施短期停学要考虑两个因素：停学时间的利用和返校前的会议。我们分别探讨一下。

许多家长痛恨学校的停学处理，因为这会让孩子一直坐在沙发上玩电子游戏，或者跟惹是生非的人一起在镇上乱跑。这种不断沿用的方法行不通。许多学校都意识到了这一点，所以选择"单独隔离"作为替代方案，但这种做法也有些极端。

为了让停学起到真正的纠错作用，可以对传统的停学形式作出一些调整。例如：不要让学生在家虚度时光，而是到社区弥补自己的过错；不要布置捡垃圾这类纯粹的处罚任务，而是要让他们在停学期间完成更有意义的任务。学生在社区弥补过错时，安排有能力的导师对他们进行指导，让他们与导师之间建立关系。从长远来看，这种关系可以改变学生的行为。将这种做法与返校前的会议结合起来，你就会得到想要的结果，并让学生有机会学习不同的行为方式。同时，我们也可以选择包容学生的错误，而不是停学。

我看到过一些高年级学生弥补过错的优秀示例。比如，他们会在课外俱乐部里帮助体育教师训练低年级学生，帮助场地管理员照管物品或整理橱柜。他们承担这些任务时，经验丰富的导师会对他们进行巧妙的指导。以前，这些学生想让所有人都远离他们。而现在，他们找到了属于自己的空间。因此，他们通常在强制性的补过任务结束后继续担任志愿者。

围绕停学进行创造性思考并不难。有时，我们感觉自己在管理课堂行为方面非常有创造力，但随着学生的行为越来越恶劣，我们发现自己可发挥的余地也越来越小。同时，经常被停学的学生总是自暴自弃，不择手段地想要测试教师的决心。正是这些难题，反而能促使我们进行更多关于停学的创造性思考。

短期停学最具成效的部分是返校前的接纳会议。正是在这次会议上，人们会进行坦诚的讨论，同时对学生的行为进行纠正，让他重新开始。也是在这次会议上，愤怒已经消退，人们可以客观冷静地对学生重申行为标准。我们应该在考虑实行更严厉的处罚之前召开这个会议，内容可以与停学无关，只有效地评估学生的进步、反思目前已取得的成绩和面临的困难。邀请一位理事、一位校领导、主要教师、家长（或监护人）和学生本人一起参加会议，会产生非常强大的效果。不要把这次会议的重点放在文件签名上，而是要放在对学生的支持上。这时非常适合给学生分配能够提供支持的导师（不负责实施处罚），导师可以是也可以不是授课教师。有时候，最优秀的导师并不参与课堂教学。

人们可以在会议上进行全方位回顾。如果会议进行得顺利，就会鼓励学生从不同角度进行反思；如果不顺利，学生可能就只会感受到来自各方的攻击。学生的想法必须被清楚知晓，并与其他各方的想法达成一种平衡。参与会议的所有成年人也必须反思自己的行为和反应，每个人都应该在这场会议中学到更多。

用恢复性实践重建学校文化

我在伦敦长大，这里很少有我没去过的地方，我也已经习惯了在危险中生活。但当我离开家去上班时，我惊讶地发现了一个区域，连警察都不敢在晚上轻易前往。那是一所学校，位于北部地区南边，多年来一直因为种种问题而名声不佳。他们的处罚文化已出名，一代又一代的学生因行为和学习问题而自我放弃。几年前，有学生放火烧毁了这所学校，事件引起了大众关注。

后来，原址上又重建了一所学校，并聘任了一位新校长。新校长觉得重蹈覆辙是愚蠢的，于是请我们培训一名学习支持助理进行恢复性实践，想以此让人们相信有比处罚更好的选择。学习支持助理干劲十足，坚持不懈，因此大家开始逐渐相信校长的理念。几个星期内，全体教师都提出了参与试点项目的要求；一个学期内，恢复性文化逐渐形成；12个月后，留校处罚越来越罕见。

这所学校的5个恢复性问题被印在所有教职员工的工作证背面。

需要时，学习支持助理会提供帮助，他经常会事先让学生浏览问题，为恢复性会议做好准备。因为有效，所以教师们喜欢这种恢复性方法。他们曾经历过以前那种荒谬的处罚文化，他们中的许多人因自己曾对学生进行不当处罚而感到羞愧。

多年后的今天，这所学校带领着另外6所学校屡获殊荣，多次被评为优秀，并经常出现在英国儿童教育增值排名前20的学校名单中。如今恢复性文化已经遍及这所学校各处，学习支持助理现在已经是指导6所学校工作的高层领导，并对恢复性方法热情依旧。

实践清单

小试牛刀

你组织的恢复性会议越多，就会越擅长，提问会更加自然，对话会更加轻松，方向也会更加明确。在刚开始的30天里，你可以每星期只召开1次。一定要跟踪会议的结果，并监测学生行为：他们仍然在做什么？哪些行为会在什么时候重新出现？你和学生的关系有什么变化？从那以后，他们是如何再次受到处罚或者得到肯定的？

注意事项

◆ 不要在其他学生面前提到你与某位学生的会议，这会破坏信任，他会说："哦，好吧，显然你不能遵守我们的约定。"如果你需要和学生谈谈，最好私下提醒他们曾经答应过的事情。

◆ 不要因为自己冷静、善良、计划周密，就奢望每次谈话都能顺利进行。恢复性谈话需要持续一段时间才能对学生产生影响。有些学生一开始会故意破坏谈话，试探你是否会继续坚持。他们可能很难发现自己的问题，需要练习自我反省。

锦囊妙计

◆ 你自己也要回答这些恢复性问题。毕竟，这是一场对话，而不是私下羞辱。

◆ 恢复性会议绝不能成为让学生道歉的前奏。如果这样，就会让气氛变紧张，会引导教师期待学生给出特定答案。如果想让恢复性会议富有成效，就应该让每个人自由发言。强迫道歉并不能教会人谦虚，它只是强调顺从。

> 所有遇到保罗的人都觉得，他是一个难以管理的学生。
>
> ——针对16岁学生保罗·迪克斯的学校报告

第❾章

成为学生愿意追随的人

注意：看似正确，实则错误的期望。

用正确的解释和干预应对学生的怒火

那些努力克制怒气的学生往往在生活中受到过不为人知的创伤，他们对教师毫无信任是有充分理由的，高度警觉也是因为真的经历过虐待。他们对语气变化、可能引发误解的肢体语言，以及教师的种种猜测都非常敏感，会迅速做出反应。不现实的期望会加剧学生的怒气，但这些被学生认为不切实际的期望，却恰恰是教师们真正的期望。擅于管理愤怒学生行为的教师非常清楚，首要原则是管理自己的反应，要让自己的反应具有可预测性、一致性和同理心。

一些教师经常会给正在压制怒火的学生提供无效建议。因为对事情一知半解，所以他们解释学生愤怒的原因也是靠主观臆断，其中包括各种不同的比喻，让学生困惑不解。只要听一下接下来这5位教师对学生愤怒行为的解释，你就会很快明白为什么最受困扰的学生会困惑不解。一位教师认为，愤怒是带有无数根引线的烟花；另一位教师认为，愤怒是一个具有5个阶段的循环；其他3位教师分别认为，愤怒是火山、冰山或重重迷雾。许多教师会凭着不专业的心理学知识，指责愤怒的学生："这是因为你有注意力缺陷多动障碍""因为你爸离家出走""因为你总喝能量饮料"，等等。在这方面我们需要好好完善，因为教师们的众说纷纭会让学生感到混乱，这样不会有好结果。

对于愤怒，学生应该得到一致的解释，一个所有教师都能自信给出的解释。毕竟，如果看起来没有人知道答案，学生们很容易会认为问题全出在自己身上。教师需要分析正在发生的事情，帮助学生理解理性的大脑是如何被情绪所劫持的，思想是如何引导情绪的，以及大脑中的杏仁体是如何促进暴怒、加速失控的；让他们知道，在与怒火的抗争中，他们并不孤单，因为这是所有人都会面对的困境；也让他们明白，他们自己能够控制这种情绪。不要进行徒劳无益的常规处罚，而是要多花些时间教学生学会控制。

对于经常发怒的学生来说，暴跳如雷已经是家常便饭，这么做的目的是让大家立即退避三舍。当你试图靠近处于愤怒状态的学生时要小心，因为毫无准备的干预十分危险，且经常会失败。

具有可预测性、一致性和计划性的干预既能维护所有人的尊严，又能帮助学生渡过难关。微剧本奠定了良好的基础，但有经验的教师知道，除了选择正确语言的技巧外，语气、语调和肢体语言的运用也同样需要技巧。即兴处理问题时过于紧张，可能导致错过关键步骤，比如：提醒学生以前的良好行为；保持蹲姿与学生沟通，而不是高高在上；给学生时间让他们冷静下来，不再哭泣、叫喊或扔椅子，确保他们能够听从教导。

细心跟进让你有机会重新审视和反思学生的行为，这时指导学生很重要，因为心平气和时学习效果最好。让学生自己与自己对话，是开启有效干预的好办法。以下是可以教给学生的简练表述：

◆ 我可以选择离开。

◆ 我能让自己停下来。

◆ 我没事。

◆ 我能控制自己。

◆ 我可以选择冷静。

◆ 比起生气，我有更重要的事情要做。

你可以教给学生一些小技巧，让他们在愤怒时能靠这些小技巧让自己冷静下来。比如，拍手和握拳松拳，这样可以帮助他们释放压力，避免他们捶墙或撞到别人。用轻拍手腕转移消极情绪，或采用"7/11呼吸法"（数到7吸气，数到11呼气），会让他们的身体平静下来，而不是像通常那样仓促而就："1、2、3，我还是很生气！"有些学生会默认遵守规则和标准，而愤怒的学生会先追随他人，然后再遵守规则。

应对学生最棘手行为必须做出的6种改变

1. 避免权力博弈

对大多数学生来说，跟教师顶嘴非常过分。然而，对有些学生来说，与教师正面对抗是一种挑战，能让他们感到兴奋、获得关注并赢得声誉，因此他们会寻找机会挑起事端。对于他们来说，最快的方法就是发起模式简单且可以预测的权力博弈：

"做这个……"

"不。"

"做！"

"不！"

"做！！！！！"

"不！！！！！"

不断升级……

如果你对权力博弈有所警觉，那么就能在需要的时候比较轻松地转移注意力、避免对抗、改变话题。使用一些简单的技巧可以防止你和学生陷入对话的死循环，因为他们就是在等着你说"出去"。在几个回合的对抗之后，以他们期待的方式来结束对话，就是对他们最好的奖励。对于问题学生来说，看到自己的老师即将爆发，看到其他教职员工前来为自己的老师提供支援，看到老师下课后去找校领导告状，简直就是他们在做出恶劣行为后最期待的。

注意管理那些想要在对话中引诱你陷入权力博弈的学生。即使已经听腻了，不关心发生了什么，疲于理解，也要让学生知道你在倾听，很关心，能理解。再说一次，你的反应以及语言选择至关重要。要用平淡的反应把他们引回到你真正想要的对话上来。

6种避免权力博弈的表述

（1）我知道……（你很生气/很不安/极其愤怒）

（2）我需要……（你跟我来，这样我们才能妥善解决这件事）

（3）也许你是对的……（也许我也需要和他们谈谈）

（4）尽管如此……（我仍然需要你加入这个小组）

（5）我也经常这样想……（但我们需要关注……）

（6）我明白你的意思……（虽然很难，但我知道你能做得很出色）

如果学生在行为反应上越来越难对付，那么在跟他们说话时你需要多些停顿和沉默，节奏可能需要大幅放缓，从而能够更加沉着冷静地应对。明显表现出耐心并坚持高标准，这种做法很有效，因为更多的思考时间是至关重要的。

如果教室的氛围不会让学生感到压抑，那么你可以在教室找一个位置跟他谈话，方式要得体；如果他觉得很压抑，可以给他一点时间、一个抱枕、一把舒适的椅子、一杯水、一种温柔的关心或一句"无论何时，只要你准备好开始谈话，我都在这里"。所有这些都能表现出你对他的尊重、支持，以及热情相助的意愿。

2. 清除"名人"文化

为了管理那些难以自控的学生，一些学校付出了努力，却很遗憾地创造出一种糟糕的"名人"文化。

如何才能迅速让全班或全校同学知道你的大名？是学习最努力、进步得最快，还是表现得最差？虽然我们的出发点很好，却总是将20世纪50年代的逻辑应用到21世纪的学生身上。以前那个年代的学校想法很乐观，认为羞辱是一种非常有效的行为管理方法（当然，实际上他们还会随意殴打、辱骂学生和私自予以停学，这都是我们今天仍在解决的问题）。那个年代的教师力图通过让学生感受到赤裸裸的尴尬来改变他们的行为，比如，在黑板上记学生名字，让学生坐在走廊里，强制学生戴上傻乎乎的帽子，在大会上当众对学生进行羞辱。

如今，出名不等于名声好。学生喜欢与众不同，希望得到关注，并被人熟知。如果学生们都认为获得同学关注的最快方式是表现得最糟糕，那么这就是一种错误的文化。满足学生通过不良行为来获取认可和关注的需求，并不能让他们改变。英国很多学校都在使用的彩色报告卡可以公开显示不良等级——黄色代表来自任课教师或班主任的警告，橙色代表来自年级主任的警告，红色代表来自校领导的警告。最糟糕的是蓝色，那代表来自校长的警告！黄色报告卡代表没怎么捣乱："得到黄色报告卡的学生不算问题学生。"得到红色报告卡和蓝色报告卡的学生走在走廊和操场上，才是显而易见的"名人"。低年级的学生会凝视着他们，毫不掩饰自己的钦佩之情。看到他们扔在桌子上的报告卡时，代课教师会吓一大跳，同时，缺乏自信的教师也会绕远路避开他们。为什么要让纸张的颜色显得那么重要呢？其实，完全可以将报告卡电子化，使其成为指导教师的工具，同时也能促进学生自我反思。

当教师写学生名单时，喜欢出名的学生会相对靠前，这是他们通过故意捣乱争取来的。但那些让人很难记住的、安静的学生呢？他们每天带着好好学习的决心与毅力来到学校，总是彬彬有礼、乐于助人，他们什么时候会出名？什么时候会成为人们关注的焦点？当然，这些学生才应该得到表扬，而那些热衷用捣蛋博取关注的学生不应该成为名人。如果你给捣蛋的学生提供了立刻在班级或学校里名声大噪的捷径，那么当另外一些学生如法炮制时，不要感到惊讶。

"啧啧椅子"

在英国，很多学校都配有"啧啧椅子"。"啧啧椅子"一般会被巧妙地放置在操场一角、教工休息室外面或校长办公室外的走廊里。学生如果在课堂上有多动行为，就需要在午餐时间坐在"啧啧椅子"上练习安静。每一个经过"啧啧椅子"的教师都会进行一段精致的表演。他们走到椅子前，停下来，疑惑并失望地看着学生的眼睛，好像在说："你在这里做什么？"然后走开，并反复发出"啧啧"声，表演得非常专业。没有人要求他们这么做，他们也没有接受过任何训练，但不知为何，这种行为成了异常一致的做法。

在英国有"啧啧椅子"，在南美洲的一所学校则有"耻辱沙发"。当教师们从旁边走过，集体发出失望的"啧啧"声时，低年级的学生就会趁机跑到他们心目中的"英雄"面前，问："你做了什么？你要在这里坐几天？我给你拿点零食来好吗？"很多学生坐在"啧啧椅子"上并不感到丢人，事实上，他们可以从中获益良多。尤其是对于那些经常被留校的学生来说，他们获得的关注和奉承明显盖过了他们付出的代价。

3. 尽你所能，阻止转介

那些有充分理由不信任成年人的学生需要稳定，确实如此。他们的信任曾被成年人深深地辜负（这些成年人不太可能是教师，更可能是校外人员），对他们来说，最大的挑战是学会信任其他成年人。然而，因为他们经常在各所学校、各种干预方法和各种成年人之间辗转，所以让他们反复与不同的成年人建立新的关系会让他们感到心烦意乱，甚至根本不可能。

为深受伤害的学生提供优质援助的关键，是拥有一个人数不多但行为一致的高质量教师或导师团队，并且成员保持不变。尽你所能阻止转介，才能让这些学生与教师建立长久的关系，自信地翻开新的一页。但这么做极有可能会给教师、学校和"正常"程序带来麻烦，并且一开始可能成本更高、耗时更长，问题更棘手。阻止转介可能不是最简单的，但却是正确的选择。从长远来看，这对每个人来说都是最好的做法。

4. 不要表现出震惊

当你和那些很难遵守规则的学生相处时，保持镇定自若非常重要。在对他们的行为做出回应时，你的惊恐表情会泄露你可能并不想传达的信息：你很焦虑，他们可以控制你的情绪，你不了解他们的生活。当学生告诉你令人震惊的事情或者故意升级事态时，表现出震惊会立即传达出你对当事者和当时情况的判断。

当听到一些嚣张的学生所讲的故事时，我还是会感到震惊，但我已经练就了淡定回应的能力：倾听，但不要采取行动；控制面部表情，尤其是眼睛，必须克制夸张的情绪反应。如果释放出真实情绪，就无法阻止学生做出捶墙、踢门或咒骂的行为，而面无表情则有助于集中精力，想出下一步行动。

5.隐藏焦虑，理解恐惧

教师的焦虑会从每一个行为和每一次呼吸中传递出来，学生会因此感到不安，并缺乏自信和确定性。这也是刚刚取得教学资格的教师可能在行为管理方面遇到困难的原因之一。

或许可以说，教学艺术是建立在"冒充者综合征"这个基础上的。很多教师在职业生涯开始时和假期结束后的感觉都是一样的，会在心里产生一丝怀疑——如果我失去教学机会了怎么办？如果我不能再当老师了怎么办？这些担忧反过来会激励他们为自己的美好梦想努力。即使是那些著有与行为相关的书籍的作者，大多数时候也会被这种综合征所影响。

控制焦虑是一项关键技能，也是一种"欺骗艺术"。在我看来，这就像演讲者在演说角为根本站不住脚的论点辩解；像兰开斯特门地铁站外老到的骗子从毫无戒备心的赌客那骗钱。这些骗子深深地吸引了我。从11岁开始，几乎每个星期日我都自己出去观察他们。那些人非常沉着、自信，骗术也十分专业，我非常想模仿他们的玩笑、噱头和套路等基本技能（不是为了犯罪，只是感兴趣而已）。

当人们声称教学不是一种表演时，他们往往忘记了这一点：教学早晚会变成彻底的格式化操作。优秀的教师会在一天的工作中表现出更好的自己，但在慵懒的星期日下午就好像完全换了一个人。当他们需要对棘手的问题进行干预时，会回到常规模式，假装明确知道他们在做的事只是稍微有些困难而已。

恐惧和焦虑会转移，这是蒂姆·奥布莱恩博士教我的。[1]虽然人们可能会在某时某地产生恐惧，但这种情绪不会一直停留。我立刻明白了这个想法并想到了我和学生的经历。有学生连续几个星期对某个科目、某位教师或某种情况极其厌恶，但是，某天，他突然转移目标说："现在不管数学了，这科还好，因为反正我也不会考理工类学校。"虽然教师们进行了几个星期的辛苦努力和熟练干预，但是学生的态度就这样一下子发生了180度的转变，将愤怒、恐惧或焦虑转移到了别处。教师们花费了大量时间进行的辅导、交涉、劝导甚至贿赂（是的，绝望时会这样），突然间好像完全变成了浪费资源。他们因此开始感到绝望，怀疑学生可能在愚弄他们。

学生的转变可能不是有意识或故意的行为，而是在转移恐惧和焦虑。所以当学生在极力摆脱创伤的影响时，教师与他们相处会觉得精疲力竭。你以为你已经谨慎地铺好了一条摆脱当前困境的道路，却发现他们正在拆掉铺路石和路标，朝着不同的方向开辟了一条新的道路。

6. 更多地了解杏仁体反应

每个人都学过"面对或逃避"，任何一门教师培训课程都会涉及。然而，我从拉夫堡大学的体育科学研究者那里得知，面对和逃避并不是全部内容……

当时，我刚刚发表了一场关于教师行为和一致性的主题演讲。就在我喝咖啡时，一群研究生在走廊里热情地跟我搭讪："这样做。"他们齐声说："这样做，看！"

---

[1]　见蒂姆·奥布莱恩于2015年出版的《内心的故事：理解你的思想，改变你的世界》。——作者注

说完他们马上拿出一张纸，上面有一个大大的黄色笑脸。他们让我抬起左臂，笔直地伸在身前，不要放下。难道这是在玩无聊游戏吗？令人失望的是，我并没有听到期待的上课铃声。他们继续要求我看这张图片，当其中一人想要把我抬起来的胳膊按下去时，他们要我试着反抗。"哇！等等，"我说，"我不知道你们在干什么，我刚才讲的内容是关于教师行为方式和一致反应的，可能听起来有点奇怪。""不，不，不，不奇怪，"他们反驳道，"这就是你一直在讲的内容。"

现在我知道了他们的套路。我预料到他们接下来会有更多行动。当那个学生第一次试着把我的胳膊按下去时，我还能强烈地反抗。当他们把图片换成一张哭脸时，我意识到了他们的目的和想要的结果，就是让我的反抗能力减弱。然而，虽然我在悄悄用力，但手臂还是被仅一根手指的力量轻松按下。我立即想要弄明白："这是怎么回事？我真的在反抗了！"他们笑着解释说这是杏仁体的反应。我说："不可能，面对或逃避的反应需要巨大的威胁才能激发。"

他们解释说，面对或逃避并不是全部。当我们感受到威胁，比如看到疲惫教师的暴躁表情时，杏仁体会让血液直奔双手让我们做出反抗，也会让血液直奔双腿让我们逃跑。但也许更重要的是，荷尔蒙会释放到前额皮质，阻止我们理性思考，这时情绪就控制并劫持了理性的大脑。

这很容易理解，因为它与我的经验相吻合。我曾与处于情绪危机的学生相处，看到过教师的情绪在极短时间内爆发，也知道微笑极具力量。总是有人要求我要见面问好和微笑，因为"我们已经决定每个人都要这样做"，或者因为"某位顾问说督学喜欢这样做"。此前一直没人给我一个恰当的理由，直到这场简单的演示为我解开疑惑。一旦你知道，即使轻微威胁都可以触发情绪反应，一切都会发生改变：你与学生沟通的方式、与愤怒的学生交谈的方式、与同事沟通的方式、早上与学生见面打招呼的方式……甚至为人父母的方式。

杏仁体会生长并学习经验。一些学生早期的艰难经历会在他们长大后引发极端反应，所以如果教学环境让学生感觉非常安全，那么他们会花更多时间进行理性思考。如果你的行为无意中触发了学生的杏仁体反应，那么他们就会进步缓慢。有些学生在情绪爆发后会迅速恢复，但对于另外一些学生来说，这会使他们在接下来的课程甚至当天的剩余时间内都很难做出理性反应。

谈谈创伤和依恋

创伤和依恋障碍造成的移情差距可能需要一生的时间才能治愈。这样的学生与他人的关系会出现扭曲或者根本无法建立，认知会产生偏差，无法拥有一个完整的成长过程。

我们对创伤和依恋有足够的了解，知道处罚永远无法达到治愈的效果。然而，我总能在学校里遇到一些所谓"调皮捣蛋"的学生，他们常常待在"心态成长室"里，最可能被开除，但也最需要稳定。

显然，如果你在童年时遭受过创伤、忽视或虐待，那很可能是成年人造成的，而且通常是你曾经绝对信任的人。在英国，约有十分之一的儿童曾受到忽视，这是虐待儿童的最常见形式，也是相关部门采取儿童保护行动的最常见原因。[1]

① 这些数字是针对11~17岁青少年的调查结果，其中9.8%的人表示他们曾被父母或监护人严重忽视。参见L. 雷德福、S. 科拉尔、C. 布莱希利、H. 费希尔、C. 巴塞特、N. 豪厄特和S. 科利肖的《当今英国的儿童虐待和忽视现象》（伦敦：英国防止虐待儿童协会，2011年）和2015年英国防止虐待儿童协会发布的全英儿童保护登记和计划统计数据。——作者注

在这种情况下，孩子们坚决抵制与相识不久的成年人建立新的关系，有什么好奇怪的吗？受到排斥、创伤和虐待的学生的行为往往缺乏稳定，难以预测，而且似乎毫无理由。他们中的许多人会变得高度警觉，即使只是轻微的语气和肢体语言变化或纯属意外的身体接触，都会让他们做出过度反应，随时准备保护自己。杏仁体好像是一个人体安全阀，而那些曾受过伤害的学生的杏仁体非常敏感。因为过去的经历给他们造成了无法抹去的影响，所以你可以帮助他们接受自己的过去，并定期提供治疗来帮助他们理解它，而处罚则不仅多余而且无效。用处罚来治疗依恋障碍，就像用重锤治疗折断的骨头。

"童年创伤"或"童年依恋障碍"这种表达的不妥之处在于把问题牢牢地定位在某时某地，可能暗示着童年结束时这些影响也会消失。但只要是在童年经历过苦难的人都会告诉你事实并非如此。成年后，他们的人际关系和家庭关系都会受到影响，也可能会在信任陌生人时有所顾虑。在生活中，这种影响大多很轻微，但有时也会十分严重。

山羊疗法

在布莱顿的瓦尔丁学校，主要走廊旁的一块空地上养着学校里的宠物——侏儒山羊。事实上，它们是真正的"工作山羊"，而且工作方式还很神秘。

艾伦、伯特兰、玛雅和埃塞尔这4只小羊是以艾伦·图灵、伯特兰·罗素、玛雅·安吉罗和埃塞尔·埃利斯的名字命名的。第5只羊威廉，是以校长德甘先生的名字命名的。所有与山羊有关的事情都发生在山羊俱乐部，学生和教职员工可以去那里看山羊，学习如何喂养和照顾它们，甚至可以带它们在学校操场上散步。

这些山羊深受教职员工和学生的喜爱，他们称这所学校为家庭学校，因为动物改变了学校的氛围。受到困扰的学生经常在不知不觉中与山羊建立起深厚的感情，因为它们不会评判，只会给予，和它们在一起最能让人感到平静。山羊就像一条无声的纽带，将孩子们与学校联系在了一起。对于那些需要额外关爱的学生来说，看到山羊，就能让糟糕的一天变成顺利的一天，让暴躁的一天变成冷静的一天，让被排斥的一天变成被接纳的一天。

当然，受益的不仅仅是一小部分学生，整个学校都因这些山羊而充满了关爱和欢声笑语。确实，有时山羊也会溜进课堂进行捣乱，但谁会因为这个而讨厌它们呢？这些山羊有自己的网络社交媒体账号，你可以看到它们和来自世界各地的学校宠物讨论逃跑计划。

我不知道为什么在学校养宠物不像以前那么普遍了，虽然饲养山羊会面临较大的开支（资金来自捐赠）和更多清扫工作，偶尔它们也会嚼碎学生的作业，但它们能让学校充满关爱，这样就够了。

优秀的学校，做对了这些事

英国许多主流学校暴露出来的迹象表明教师对学生的行为有很深的误解。我们可以在很多教师之间随意的对话中听到："我们对这个学生已经用尽所有办法了""我们已经无能为力了""我们现在只是在收集证据""我放弃这个学生了"。

优秀的可替代条款学校或学生转介机构没有采用步步升级的处罚系统，尤其是最高级别的处罚——开除；治疗方法不是从一系列处罚方式中进行勾选，教师也不会放弃学生。

最好的可替代条款学校在行为管理方面积累了丰富的专业知识，这需要时间、资金和人才。这些专业知识一旦具备，就会成为无懈可击的屏障，让教师们能表现得沉着冷静、行为一致、充满确定性。英国最好的可替代条款学校花了数年时间寻找并培养合适的教师，然后留住他们，让他们培养更多本校的教师。这些学校掌握了发现与培养非凡人才的诀窍：这些教师和支持助理能够躲开学生砸来的椅子，接受他们愤怒的辱骂，并且片刻之后就可以对学生不露声色地进行鼓励，启发他们学习。

这些教师知道，谦虚是一种力量，善良不代表软弱，被学生骂"滚蛋"并不至于去给工会打电话或者在办公室里跺脚。他们明白，当处罚不起作用时，应该寻找其他方法，而不是简单地加重处罚。

这些教师决心成为出色的榜样，尤其是看到场面一片混乱时，他们更加坚定了这种想法。在一些主流学校，人们仍在建造隔离间来处罚脆弱的学生。但是，在优秀的可替代条款学校，基于相互信任，教师已经与学生建立起了具有良好平衡的关系，而不是对学生进行简单粗暴的管理。关于错误和处罚的争论在主流学校中盛行，但是在优秀的可替代条款学校中却被抛诸脑后，他们倾向于采用更明智的方法来对待受到困扰的学生。

学校管理者不能用情商课程来弥补招聘不力。在可替代条款学校里，高情商不是锦上添花，而是在日常教学中必须具备的能力。如果你不理解学生的意图，也不能恰当地改变自己说话的语气，很快你就会发现学生们在教室里，很可能就在你面前，表现出他们的低情商。当然，学生带来的伤害对教师的身心健康影响巨大，如果不注意这一点，当办公室挤满代课教师时，要求他们行为一致将毫无意义。

在优秀的学生转介机构里，教与学重新开始。当学生对学习不感兴趣时，没有人大惊小怪。以这种方式管理学生，会收到良好的效果。一个成功的学生转介机构会把重点放在吸引学生上，让他们与每天默默鼓励他们的教师一起学习。教师必须更加努力地工作，因为他们知道不能强迫学生做任何事，要灵活应对，随时调整自己的情绪、节奏和教学内容，以应对学生的情绪变化。

学生家长的问题千差万别。正如你可能想象的那样，在所有问题中，最好解决的是父母参与孩子教育的能力或意愿不强。对于不能对孩子施加积极影响的家长，教师往往只能被迫接受现状。当你目睹因为酗酒、吸毒而一贫如洗的家庭时，你就会明白务实的态度更重要。然而，这并不意味着我们该放弃希望，而是意味着需要实施一项新计划：加强辅导，制定一套不同的标准，并把重点放在帮助学生们与正面榜样建立良好的关系上。即使学生的情况不是你想象的那样，学习与他们相处也是一件虽困难但有益的事情。

可替代条款学校中有一些简单有效的、在主流学校中并不常见的常规。对此，许多人可能会说，大型学校里的学生人数过多，这些常规难以实施。但是，有的主流学校确实已经做到了：教职员工在校门口看到学生入校时会叫出每一个学生的名字，并向他们问好；一对一指导，由专业人员为学生提供量身定制的分析与解决方案，并将个人学习的主要情况数据化；教师能够迅速且有效地应对行为问题而不是大肆宣扬留校处罚。

优秀的可替代条款学校不是附加选择，不是补救方法，不是田边的废弃小屋，也不是收容所。它是一所小学校，能够给学生归属感，其理念是关注对每个孩子来说正确的事情，而不是把孩子塞进空有学校外表的盒子里。

教育学生，而不是治疗症状

自闭症、阿斯伯格综合征、注意力缺陷障碍、注意力缺陷多动症、对立违抗性障碍、胎儿酒精综合征……要想真正做到包容，你不能只确认他们的能力缺陷、给他们强加标签或对他们采用普通的行为管理方法。关于"如何应对自闭症学生""如何应对阿斯伯格综合征""为多动症儿童变魔术"等问题，已有大量建议。尽管如此，约翰还是让你措手不及，他会不断地把每一次对话都引到战斗机、二战、欧洲或某次战役上，会把自己的手背挠到出血，还会做任何令他自己开心但可能令别人烦恼的事。约翰不需要你给他贴标签或对他使用照搬来的行为管理方法。无论他的诊断（确诊、预测或是想象）结果是什么，你要做的都不是治疗需要治疗的症状，而是教育需要教育的孩子。当你为此对自己的行为管理计划做出调整时，会意识到"成千上万的建议"根本无效。

其他学生完全理解这一点，他们和你一样可以看到，约翰很容易生气，不喜欢快速变化，有时滑稽可笑，或者一有机会就乱泼颜料。有些教师采用二元对立的方法，将行为分为"好"和"坏"，但生活远比这复杂，学生需要的也不止于此。真正的教学是要讲求实效的。所有关于自闭症治疗的书籍、网站、技巧、窍门和技术都很有趣，有时甚至令人着迷，但它们似乎与我面前的这名学生没有关系。给学生贴标签对于获得各种资源很有益处，但对于高强度的教学和学习没有帮助。

对于学生超出正常范围的行为，如果你会自然地表现出同情、友善并渴望理解正在交流的内容，就永远不会犯严重错误。了解这个学生比了解贴在他身上的标签更重要。我最近去了考文垂河岸学院，他们就是这样，不是把学生当成罐子一样贴上标签，而是满足他们的需求。

与学生家长谈话的5个建议

虽然与学生的对话相对容易预测和调整，但与他们父母围绕行为问题进行的对话则会面临很多风险，电话交谈和当面交谈都可能会转向危险的话题。记得我曾邀请一位母亲到教工休息室谈话，我犯了一个错——在路上开始抱怨她的孩子。当我们到达空无一人的办公室时，她背对着门站着，把我困住，然后对着我开始了长篇大论，十分愤怒，极具攻击性。她对我大喊大叫，因为我把她的儿子叫做"大象"（事实上，我是在称赞他的记忆力，但她却误解为我在嘲讽他膀大腰圆），还因为我太年轻管不住学生（事后看来她是对的），更因为我是个"笨蛋"。当她丈夫坐在外面的车里时，她对我破口大骂，挥舞着文有"爱"和"帽子"的拳头（显然为了省钱，没文"恨"的最后一个字母e）。我所能做的就是拖到她筋疲力尽，然后绕过她走到门口，快速逃离。这件事给我上了有用的一课。

与难缠家长见面的5个建议

1. 合理计划，预留一个房间作为见面地点，甚至可以放几包饼干，毕竟跑来跑去找空房间不是谈话的最佳开始方式。

2. 尽量不要直接谈论孩子，也不要让家长这样做，因为这会导致开场的话题过于宽泛、过于仓促，让谈话很快转变成为一场情感交流。

3. 开始谈话时用闲聊来转移注意力，让家长觉得自己很重要："你做头发了吗""你肯定瘦了""你妈妈最近还好吗"，等等。幸运的是，转移注意力的策略对成年人和儿童都有效。

4. 采用如下对话方式，避免跑题："我理解……""我需要你的帮助……""我听到你说的了……""我也觉得很奇怪，因为他明明在家里那么讨人喜欢（叹气）"。

5. 排练一下结束台词，以免需要结束谈话时还得重新考虑："我就不再占用你的时间了""我们要开员工会议了"。

实践清单

小试牛刀

看看下个星期你能避免几次权力博弈。每次有学生刺激你的时候，记着自己要做的事情。注意他们有几次试图控制你的行为，每次你都要拒绝被卷入权力博弈，想办法转移话题、阻止对方、摆脱对话僵局。重新引导学生并采用微剧本模式，告诉学生你不会被他们牵着鼻子走。同时，你还要对学生短期内的行为升级有所准备，因为他们可能下定决心要迫使你回应。保持冷静、理智和耐心，看看在下下个星期学生又要尝试几次，据此估计一下，多久之后他们将不再引诱你进行权力博弈，或平息自己挑起争论的欲望。

注意事项

◆ 注意那些刚到学校时已经处于情绪危机状态的学生，我们没有办法帮他们快速恢复平静。事实上，在他们试图恢复的过程中，可能再一次达到愤怒的顶峰。

◆ 注意那些似乎不能接受表扬的学生。当教师表达出自己最真诚、最有意义、最具针对性的赞美却遭到学生拒绝时，往往会感到十分惊讶。

其实，当人们妄自菲薄时，会很难接受表扬。学生之所以拒绝你的赞美，是因为这与他们对自己的看法冲突，他们还不相信你，或者是因为他们认为你只是在使用技巧。继续坚持、保持耐心、证明他们的能力，用一个月以上的时间潜移默化地影响他们，就可以改变这种情况。不过，不要指望学生会很快转变，因为你面对的学生在此之前可能从来没有机会肯定自己的能力。

锦囊妙计

◆ 我曾看到一位学习导师等待一个非常生气的学生平静下来，他的措辞让我印象深刻。他靠在学生身边的墙上，语速缓慢、语调极其平静地对她说："等你准备好的，什么时候都行。"你可以看出他是发自内心的。过了一会儿，学生抬起头来，凝视着他的眼睛，他就知道她准备好开始谈话了。

◆ 当你被某种行为难住了，当你不知道下一步该做什么，当一切方法似乎都不起作用时，友善总是最好的回应。

他过于沉迷自己在班级里的小丑角色了，需要在生活中少些表演。

——针对14岁学生保罗·迪克斯的学校报告

第❿章

优化行为管理原则的关键

行为管理规则比恶魔岛联邦监狱①的规矩还多。

大多数行为管理原则都是一些令人困惑的陈词滥调，对过去的学生都几乎不起作用，更不用说现在的学生了。这其中包含的无数规则，更是无人能记起。教师花在处罚上的时间比花在学生身上的还多，让人无法理解。教师幻想着做到行为一致，但学校慎重制定的行为管理原则似乎经常打破这种幻想。

除了旨在应对各种可能性的假想性规则外，行为管理原则几乎总是过于严厉，促使教师们用一种缺乏变通、只重过程的方式行事，从而将学生一步步推向被开除的边缘。但是行为管理工作不是程序测试，好的学校培养能解决问题的教师，好的行为管理原则既明确提出对学生的基本要求，又赋予专业人士自主权，以满足每个学生的需求。在根据学生的需求灵活调整的同时，好的行为管理原则还需要教师稳定地保持基本一致。所以，

---

① 指位于美国加州旧金山湾内阿尔卡特拉斯岛（Alcatraz Island）上一所建于1934年、关闭于1963年的监狱。该监狱所处小岛地势险峻、与世隔绝，且防御性能强大，以越狱难度极大而闻名于世。因所关押的囚犯多为恶名昭彰的重刑犯，该监狱也有着最为严苛的管理方式。——编者注

无论是制订行为管理原则还是制订课堂计划，都要做到"少即是多"。

制订行为管理计划的3个问题

在你自己班里，必须明确根据学校的行为管理原则制定自己班级的班规。如果学校的行为管理原则不够明确、不够灵活，过于含糊（比如"教师会采取他们认为合适的措施"，等等）或者过于冗长，你就需要为自己的班级制定更完善的班规。如果学校一片混乱，你可能还需要自己创造一整套具有一致性和确定性的规则。与教室外的不确定性相比，这种做法会更受欢迎，更能让学生放松。如果做得好，也将为学校中的其他班级树立明确的榜样，告诉他们什么是有效的方法。

制订你个人的学生行为管理计划，可以基于对以下3个简单问题的思考：

1. 我要如何表现才能获得我想要的课堂文化？

2. 我要制定哪些规则？

3. 我要如何回应学生良好和不良的行为？

每个问题都值得花些时间思考。一开始，你可以经常与学生分享一些答案（比如每5分钟与几个学生交流一下）。

让人记得住，才算"黄金法则"

当我来到英格兰西北部的一所小学工作时，很明显校长已有所准备。她跟我打招呼说："保罗，我看过你的书，知道你主张精简规则，所以我把规则减少成只有5条的'黄金法则'。"我很感动，毕竟，谁能对"黄金法则"提出异议呢？我建议问问学生，看他们是否知道这些规则。"哦，那太好了。"她说。同时，她脸上带着"我知道你在玩什么把戏"的笑容。

"在过去的5个星期里，每条规则都曾被我当作大会主题，所以他们肯定知道。"

我们在走廊里遇到了一个帮忙跑腿的6岁学生并拦住了他，"问你一个好玩的问题，"我说，"你知道学校里有什么规则吗？""嗯……哦……"他沉思着，做出痛苦思考状，同时疯狂地左右张望着，大概是在寻找墙上贴着的规则。"呃……不能戴鸭舌帽吗？"校长听后一脸失望。"'黄金法则'之一是不能戴鸭舌帽吗？"学生离开后我问她。"不，"她说，语气很好地掩饰了她的愤怒，"不，不是鸭舌帽。"

过了一会儿，一个五年级的学生出现了，我问了她同样的问题。"嗯……哦……"她说着，也扫视了一下墙壁，"不能戴兜帽吗？""是吗？"我问校长。可是校长已经嘟囔着快步走开了。我追上了她。"好吧，"她说，"我知道问题出在哪儿了，我找到原因了。"应该是在某个寒冷的雨天，当学生们走进教学楼时，听到教师们不断大声说着："摘掉鸭舌帽和兜帽！"这是唯一一条所有教师都一致要求的规则，结果被学生误认为是学校最重要的规则。

我们走进一个六年级的教室，这次我没有问学生，而是走近班主任，问了她同样的问题。她盯着我，眼神好像在说："你到底是谁，竟敢在领导面前考我学校的规则？"然后她开始在计划本里疯狂寻找答案。

如果没有人能一下就记住，如果每个人都要现查，就说明没有人真正了解这些规则。如果教师们真正了解这些规则，那么他们不仅能在我提问时说出答案，在平时他们也会经常引用这些规则。你可能会惊讶地发现，学生很清楚教师的行为是不一致的。想象一下，学生把垃圾扔到地板上之后，每个教师都采用不同的方式、带着不同的情绪，从不同的角度出发做出干预，比如："你会在家里那样做吗？""学校环境非常重要。""我不能袖手旁观，你把垃圾扔在那里很危险。""我最讨厌乱丢垃圾，所以我要……""你不尊重大家！""你这个脏小孩，把它捡起来！"在各种价值观、规则和命令的轰炸下，我们总是要求学生找到他们自己的方式来遵守纪律。但是肯定每个人都知道，如果纪律令人困惑、可以随时改变和忽略，那么这根本就不是纪律。

学生了解学校的规则吗？他们能不假思索地背诵吗？还是说，他们会疑惑地反问："呃，是不能戴鸭舌帽吗？不让带手机？要穿校服？"在学校转一圈，收集学校各处张贴的校规和对学生提出要求的标识，然后把它们摆在一起，退后看一看，数一数。现在考考自己，你到底了解多少？所以，不能真正做到一致遵守很奇怪吗？

塑造成功班规、校规的重点

学生不了解规则，教师也不了解，没有人了解，因为规则数量太多。许多学校行为规则多达60条，明确要求的有10到20条，一些奇怪的规则会隐藏在行为管理原则或者着装要求中，比如关于袜子长度、发型、禁止吸毒、禁止携带刀枪或原子武器的规则。这里还有食堂和走廊上的规则，外出参观和实习的规则，课堂作业、演示和讨论的规则，运动、进场和设备使用规则（"禁止用脚踢排球"），说话规则（"不能学人说话"），语言规则（"不许说不恰当的语言"或"不许发表冒犯性的评论"）。有些在军事环境中更常见的语言也被应用到这里，包括："错误示范""拒不合作""拒绝透露姓名"；他们还会称学生为"麻烦制造者"和"破坏者"。在这种情况下，学校对教职员工进行的实际指导很少，只是摆出一副姿态，让大家"全力以赴"采取纠正措施或行动。

学校还禁止学生携带手机、使用按动笔、扔瓶子、带收音机、吃零食、喝饮料、戴耳机、戴兜帽、戴鸭舌帽、穿白袜子、戴首饰、美黑、踢足球（为了防止争吵）、穿没有牌子的马球衫、交换贺卡（为了防止争吵）、吃精制糖、携带胶带（为了防止学生踢"胶带足球"，并防止争吵）。

还有，别忘了那些笼统的规则，它们范围太广，所以详细阅读完全是在浪费时间："不要做任何损害学校或学院声誉的事情""不要从事任何危险的活动""关爱同桌"。还有一些充满威胁的字样："停学""开除""记入档案"。

有的规则非常主观，实施起来会导致持续且无解的争辩："禁止冒犯他人""举止得体""禁止戴兜帽、鸭舌帽以及任何种类的帽子，特殊要求除外""尊重他人的需求和愿望"。恶魔岛联邦监狱中有52条规则，但大多数教育机构的要求比这还多。

猜猜看，这些语言来自哪里？

在教育领域，大多数行为管理原则的语言充斥着监狱的专门用语。以下就是出现在中小学和大学行为管理原则或监狱条例（来自恶魔岛等地）中的语言，请判断它们各自是出自学校还是监狱。

1. 撤销特权。

2. 持有任何形式的违禁品都是严重违规。

3. 只能做被允许的事情。

4. 努力工作，做出贡献。

5. 禁止携带刀具。

6. 在任何时候都要充分考虑到自己和他人的安全。

7. 必须坚决服从指示。

8. 游手好闲会受到纪律处分。

9. 禁止大声讲话、喊叫、吹口哨、唱歌或制造其他不必要的噪声。

10. 禁止在餐厅里喧哗。

11. 禁止任何违反上述义务的行为（包括任何违反健康、安全或其他法规、规则、原则或指导方针的行为）。

12. "活动范围"包括可以去的地方、得到允许才能去的地方以及你可能不能去的地方。

13. 头发长度一致，不能长及衣领，要露出耳朵，不短于二年级学生的头发。

14. 隔离时间不得超过3天。

15. 隔离时间不得超过3小时。

答案：1.学校；2.恶魔岛；3.恶魔岛；4.大学；5.学校；6.学校；7.均可；8.恶魔岛；9.恶魔岛和很多特殊教室；10.恶魔岛；11.大学；12.小学；13.学校；14.学校；15.英国安全培训中心的现行规定。

　　成功的班规或校规不应该只是贴在墙上，而是要渗透到行为干预中。在所有走廊或学习地点张贴规则，肯定没有人能记住。在家里，父母不会把在家必须遵守的规则贴在墙上，不会在卫生间里张贴禁止清单，不会在地毯上印着上下楼梯的细则，甚至不会对食物有明显的限制。然而这不代表孩子在家就可以不受管束，可以踩碎甜甜圈、拽着浴帘荡秋千、冲出浴室后直接下楼。当然，在家庭或教育机构中，对规则仅仅做到知道是不够的，还应该每天都将它们运用到成年人和孩子的对话中。如果你真的已经了解了规则，还需要贴到墙上吗？

在新班级或新工作中，不要把制订规则想成一个单纯少数服从多数的过程。只有建立了信任，共同商议才具有真正的价值。在情况棘手的学校里，如果第一节课的开场白是"现在我们一起来看看如何玩得开心"，这就有点像和一群鬣狗谈判，他们可能会容忍你一段时间，只是因为知道最终会干掉你。

让行为管理计划更加一致的10种方法

1. 做到简单、清晰、连贯，极简至上。

2. 取消处罚，鼓励正面积极地解决问题，不要只注重过程。

3. 认可每个人每天都承诺做到的可见的一致行为。

4. 让学生和教师更容易识别良好行为。

5. 不接受教师的情绪失控。

6. 只需严格遵守3条规则。

7. 只用一张A4纸写下共同遵守的一致规则。

8. 鼓励恢复性谈话。

9. 学生没有完成任务时，用额外作业代替留校处罚。

10. 学生做出不良行为后，教师要尽快进行干预。

实践的5项核心内容

每种环境都有其自身的文化、优先事项、历史、群体和目标，并以此区别于其他环境。但在行为管理方面，学校之间的相同之处要多于差异：学生不爱学习时教师和他们的对话相同，对优秀表现的赞美相同，问题学生都约占总人数的5%，都有同样的专家团队来保证出勤率、帮助家长和满足各种额外需求，同样梦想所有的学生都表现得出类拔萃。同时，每个学校的课堂实践和行为管理原则的严苛程度却完全不同。从我工作和合作过的学校可以清楚地看出，人们亟需简化行为管理原则，以便尽可能地实现行为一致。

在此，我提出实践的5项核心内容，以强化每所学校的行为管理原则：

1. 教师行为保持一致且沉着冷静。
2. 首先关注良好行为。
3. 坚决执行常规。
4. 难以干预时设计剧本。
5. 采用恢复性跟进。

以上5项核心内容为教师的个人实践提供了坚实平台，并且对于制订个人的课堂计划和让全体教师保持一致至关重要。我们可以用一张A4纸列出行为管理计划的大纲，用来向家长解释学校管理行为的框架，也可以当做教职员工培训的思维导图或者同伴反馈的标题。这些内容能够让所有教职员工在保持行为一致和进行合理调整之间找到平衡，让不同的教学风格、方法和个性各尽其用。

让规则真正融入学校生活的方法

"准备就绪""尊重他人""保证安全"，这3条简明扼要的规则贯穿于信托机构中我所帮助的每所学校，也经常被"核心教育"旗下的学校采用。这3条规则之所以有效，是因为它们很容易被记住，并且恰当地平衡了规则和价值观。在各处都张贴着这3条规则，可以说明它们在不同情况下具有不同的含义。虽然你可能会说，可以用"轻手轻脚，轻声细语"来教育年幼的孩子，但我知道很多幼儿园都在使用上面3条规则并且已经取得成功，不久你甚至能听到父母们也在采用这些规则作为共同的参考标准。

对于这3条规则，我们先高调推出，然后给家长写信进行简单解释，再花些时间与学生讨论它们在不同课程中的意义。几天之内，每个教师只要谈论行为问题都会谈到它们，不到一个月，我们就可以引入这些理念并将它们渗透到校园文化中。

将规则融入学校生活的7种方法

如果规则仅仅是为行为管理原则而制订，那么你就错过了一个机会。把规则的语言融入整个学校生活中，这样它们就会成为每个学生的重要参考标准。

1. 放在学校官网上显眼的位置。
2. 在颁奖晚会上，每个奖项都颁给在"准备就绪""尊重他人"或"保证安全"中任一方面表现突出的学生。
3. 作为教职员工入职培训计划的重点。
4. 作为开放日和家长咨询的重点。
5. 印在校园卡、徽章和贴纸上。
6. 在学校简报上刊登学生核心行为范例。
7. 在校门口张贴海报，展示学生自我规范行为的决心。

正确引导处罚措施

如果学校的行为管理原则或计划对于处罚措施没有正确引导，就会产生各种稀奇古怪的处罚，从关隔离间到鼻子贴着墙站在操场边，从留校到强迫学生写道歉信等。"处罚自助餐"花样百出，令人咋舌，但有时风险极大。如果学校的行为管理原则允许教师发明处罚措施，那么，当他们做得过火时就不要感到惊讶。

处罚全班学生

私下处罚全班学生很不恰当，但仍然是一个困扰着学校的问题。校长可能会向家长保证，学校不允许全班处罚，但只要问任何一个孩子，他们都会告诉你，这种处罚每天都会发生。班上其他学生要对个别犯错学生的行为负责，这种想法显然很荒谬。多数人要为少数人的行为负责，这种想法也是无稽之谈。就像即使教师需要对学生的行为负责，但是也不应该因为某些学生的不良行为而受到责备。

教师处罚全班学生是一种错误做法，他们之所以反复这么做，是因为处罚没有解决问题。如果你认为孩子们最终都出去玩了，就说明教师已经解决了少数人的行为问题，并把他们带回正轨，这种想法未免过于乐观。那些造成所有学生留堂的"罪魁祸首"地位最高，因为正是他们导致全班一起受罚。留堂只是控制了他们的行动，并不能检查问题的根本，且只能说明教师进行全班处罚的做法有失公允。这些"罪魁祸首"甚至会笑着走出去休息，因为他们知道自己的行为能继续控制别人。

降低处罚依赖

我们在第4章探讨了教师情绪失控的代价，学校的花销可能会因教师情绪失控而翻倍，而倍数取决于文化、培训和一致性。然而，如果行为管理原则要求将留校作为教师解决问题的唯一途径，那么还需要增加其他开支：教牧负责人（在英国，教牧负责人主要负责学生的出勤、行为习惯和安全等问题）的费用；全天随叫随到、追踪不良学生的教师的费用；监督隔离间里学生的费用（最近我在一所学校发现了4间隔离间，里面有4名完全合格的全职教师，他们每天坐在那里，平均年薪3.5万英镑）；考勤人员（现由学校直接聘用）和行政人员的费用。在一些中学里即使只是复印留校文件，平均每年也要花费2000英镑。

在一所主张处罚的大型中学里，人们发现仅用于行为管理的工资和材料支出就超过15万英镑，还不包括行为支持服务、行为相关的持续专业发展、身体干预训练、治疗性课程、家庭工作、聘请教育心理学家、教练和辅导的预算。如果把这些都算上，刚刚的数字会翻一番。

可惜很多钱都白白浪费了。提高教职员工的技能，改变文化，让教师的反应具有一致性和确定性，这样，对处罚的依赖就会明显降低。在我合作过的许多学校，通过更加一致的恢复性方法，留校人数在一年内减少了93%以上，隔离间因为派不上用场而被关闭，也很少再听到教师大声斥责学生，学校更像一个大家庭了。

一张A4纸上的"行为蓝图"

要想优化严苛的行为管理原则或者复杂的课堂计划，教师们可以共同绘制"行为蓝图"。这个蓝图可以是每个人都会唱的歌曲歌单或者是明确日常常规的备忘录，能让全体教师共同遵守，并据此调整自己的行为。没有这个简单的蓝图，大家就不可能真正做到行为一致。

为了使蓝图真正有效，所有教师都需要参与进来。这种共同创作的过程需要时间，让所有相关教师参与讨论可能很复杂，但值得付出努力。教师们表现出的创造力和共同创作的环节是这项工作中令人非常兴奋的部分，而让每个教师都遵守蓝图上的内容则是真正艰巨的部分。

要想让整个学校的行为发生翻天覆地的变化，就需要对教师行为进行修正，使其高度一致。这样做能创造出一个坚固的平台，每个学校都是在这样的平台之上开始他们真实的实践的。这不是对教师个人实践的破坏，而是所有教职员工之间达成的共识。

收集学校里所有张贴出来的与行为相关的海报和标语，你会发现，教室和办公室的门上可能贴着："站住！你不需要敲门吗？"食堂里可能贴着："态度不顺从，服务不提供。"大厅入口甚至可能贴着："参观者要先登记、拍照、录指纹，并进行DNA测试，才能进入第二个封闭区域，这只是完成第一步，这时你只是能看到自己的孩子。"一位同事说，当他到学校参加员工培训时，收到了一张卡片，上面写着"不要和学生说话"。

让我们简化行为管理原则，来促进实践中的高度一致吧。坚持不懈地强化3条规则，让所有教师都积极奉行，每一次谈到行为问题时都要提及，在学校生活的每一个环节都要强调。在一张A4行为蓝图上简明扼要地写下对教师的要求，即表现良好行为、积极表扬学生以及管理步骤统一。保证歌单上的歌每个人都能唱。这些方法十分简单，但能够更好地识别优秀行为、干预不良行为、开启恢复性谈话。

代表"厄运"的灰色西装

在与英国一所大型继续教育学院合作时，我看到了一贯严苛的行为管理原则，它包含了为上百条规则制定的上千条处罚措施，以及复杂到无人理解的操作细则。这份文件长达46页，根本无法实施。小组中有两名成员似乎对我的看法无动于衷，而我也早就注意到了他们灰色的西装、死板的领带以及严肃的面孔。

很快我就知道，他们还秘密隐藏了一份文件没有拿给我，就是"纪律原则"。这本极其复杂的"巨著"有50页，概述了毫无感情、自动完成的转介过程：撰写一系列信件、组织正式会议、提出底线、发出警告和签订合同，完全不考虑学生及其需求。

每天，领导团队的这两名成员处理学生问题时，都是完全依赖于这样的系统，所以我决定不公开废除这套原则，而是私下处理这个棘手的问题。摸索了一段时间之后，他们明白自己陷入了繁文缛节的困境中，所以更愿意与学生合作。他们愿意接受改变，并愿意提高学生保有率。虽然此时大家更拘泥于原则本身，相对忽略了对学生产生的影响，但是每个人的想法都发生了微小的改变，令人欣慰。

合理设计处罚标准

当学生苦苦挣扎时，需要的是支持，而不是教师亮出底线和做出严厉表情。他们不需要穿着（代表"厄运"的）灰色西装的教师，而是需要学习导师忽略固定程序，为他们提供支持和指导（帮助他们解决问题，而不是揪着过程不放）。学习导师是经验丰富、富有同情心的专家，可以与学生合作，以立刻满足他们的需求，并阻止不良行为扩散。他们明白学生有额外需求不代表行为有问题，他们会随时伸出援助之手而不是袖手旁观。

包括处罚等级、书面警告和正式会议在内的严格纪律系统会让学生产生疏离感，这是每个人都不想看到的。学生的行为不是一成不变的，所以你的行为管理原则也应该具有灵活性。有些学生需要更多的时间来学习新规则或满足新期待。如果你制定的行为管理原则面对所有学生都是同一个处罚标准，那么当停学人数大幅增加时，你也不必感到惊讶。

实践清单

小试牛刀

在走廊里试一下，你就会知道规则的表述是否合适。对于在走廊里表现出不良行为的学生，你能用校规劝住他吗？校规听起来会不会很复杂、很尴尬？爱护邻居可能是一个重要的生活原则，但却无助于让你顺利完成行为干预，因为疲惫、忙碌的教师不会脱口说出"你需要收拾这个烂摊子，因为我们应该爱护邻居"。

注意事项

◆ 不要在一开始就出现失误。任何新计划付诸实施或原有原则发生转变的最初几天，都是至关重要的。调整节奏，如果你决心坚持改变，那么你要知道你将面对的是一场马拉松，而不是50米短跑。如果你犯了错误，比如做了前后矛盾的事情，或者故态复萌，那么就承认错误，必要时可以道歉，并继续执行计划。

◆ 不要出现新规则。当你把贴在四周的所有冗余规则都清除后，还要彻底撕毁！但不管这种感觉有多好，你还是要随时保持专注，因为几天之后就会出现新规则，以及一些提醒规则的小贴士，这是教师单方面为他们自己或学生准备的。如果你没有保持警惕，它们就会像日本虎杖（一种原产于日本的蓼科杂草，该物种于19世纪作为观赏植物被引入英国，之后泛滥成灾）一样生长蔓延。首次贴出"在我的教室里……"这种规则会破坏一致性，这时，学校管理者需要与教师静下心来谈谈，推动他们重新遵守蓝图上的要求。

锦囊妙计

◆ 从简单的事情开始。明天问问学生，他们认为学校的规则是什么。

◆ 问问自己："我们不能再做什么？"淘汰掉那些正在进行的做法，因为"我们一直都是这样做的"。

◆ 利用这个机会争取所有相关教师对3条规则的支持，现在真诚合作，未来将会有巨大回报。

◆ 把规则告诉家长，并鼓励他们在家里也要使用。

◆ 不要急着采用那些陈词滥调：零容忍、不可协商、底线。这可能会让你自己觉得很有威严，但对学生来说完全没有意义。即使你把不良行为称作"致命恶行"（其实这在学生们听来很有吸引力），他们也还是会做。

> 他现在不太捣乱了，但还是喜欢沾沾自喜。
>
> ——针对15岁学生保罗·迪克斯的学校报告

第❶❶章

坚持30天

30天可以培养你真正想要的行为。

学校的储藏室、文件柜和硬盘里到处都储存着奇思妙想。但由于学校短时间内承担着过多任务，即使领导们和教师们都渴望突破且努力尝试，这些好想法也很难得到施展或推进。

这类学校的走廊里回响着对某些行为问题的评价："试过了，没用""他还是和昨天一样""好像什么方法对那个学生都不管用"。有些好方法因过于标新立异而被搁置，还有一些在即将奏效时惨遭抛弃。当你希望效果立竿见影从而导致压力逐渐加大时，需要注意，不要每隔几天就试图寻找新方法。改变行为需要时间，把好的行为完全渗透到学生的思想中，需要的时间更长。

一天、一个星期或两个星期都不足以判断一种方法或转变是否产生了积极影响。可能几个星期后可以看到萌芽，或者真正的警告信号，但这些都不是决定性指标，有时可能需要"触底"才能"反弹"。如果常规训练不坚持整整30天，即便一开始成功了，也可能只是昙花一现，无法持续。

30天能带来特别的变化。当你决定改变一个习惯，几天后，你很容易重蹈覆辙，一个星期后也还是会如此。然而，当你坚持30天后，新的行为会变得更加自然。你已经改变了默认做法，要想回到以前反而需要刻意的努力。30天结束时，新的习惯已经成为常态。当然，你可以重复以前的行为和回应方式，但是这会像新习惯在第一个星期过渡时一样让人无法适应。

如何坚持30天

教师们大多非常忙碌，很容易忘记一些细节。所以，我们可以把30天的承诺写下来，贴在一个每天都能看到的物件上，比如，钱包里的卡片上、办公桌上的鹅卵石上、汽车仪表盘上方或手机背面，也可以写在员工卡的丝质挂绳上。当你每天看到或感受到这个提醒时，就会重新燃起决心，坚持到30天结束。今天你在教师培训日做出的承诺，也许明天就会遗忘，除非你把它写下来，为它做计划并去实施。每天都需要这样的时刻来提醒自己这个计划，并调整想法。虽然每天都过得很忙乱，但也要静下心来，耐心等待想要的结果。

当我第一次接触到30天承诺这个想法时，觉得很重要的一点是要在课外进行测试，并且在我自己身上测试。说来可笑，多年来我一直对糖上瘾，所以我决定做一个简单的承诺——戒糖，测试一下这个想法是否可行。刚开始的几天并不容易，想想电影《猜火车》里的戒毒情节就知道了。平时常规的休息时间也很尴尬：没有布丁，只能喝苦咖啡，哦，也不能吃比萨，那段时间真是太难熬了。然而，仅仅几天之后，尽管我出现幻觉，看见了巧克力，但我的关键行为变化还是产生了一系列连锁反应：人们不再给我甜食，橱柜里的东西也变了，我的两个孩子也分别宣布他们戒糖了，我的个人决定已经改变了别人的行为。我很高兴能坚持30天，那时不吃糖已经成了一种习惯，重新开始吃糖反而有些奇怪。之后，坚持开始变得容易了，60天毫不费力，120天也一眨眼就过去了，甚至在圣诞节我都完全没吃糖。我坚持了13个月，直到一块白松露巧克力让我破戒。好吧，别评判我，我只是个普通人。后来我尝试了30天的戒肉挑战，坚持吃了12个月的素食，那次破戒是因为西班牙烤羊腿！

别想着能永久改变习惯，首先把目光锁定在30天内。我已经记不清有多少所学校曾与我合作，发起了30天改变计划，而且我发现他们多年后仍在坚持着。最近，我们再次访问了一所5年前合作过的学校，发现学生们的学生证挂绳上仍然系着"承诺丝带"。

教师培训日的微观管理者

教师培训日的微观管理者很容易被发现。他们通常是领导团队中的一员，衣着得体，坐在培训室前排（这种做法值得称赞，因为躲在后面就会忍不住一边喝着咖啡或嚼着尼古丁咀嚼胶，一边完成对教师的评价）。

当他们疯狂地大量记笔记时，你会注意到他们发出的声音。纸张轻轻翻动，笔尖沙沙作响，这种声音很容易就能把他们暴露出来。他们的意图很明确：明天早上立即实施所有措施。他们要马上进行改革，取消现有原则，废除奖励方法，重新制定规则。

其他教师非常了解这位微观管理者。他们在茶歇时悄悄走到我身边，对我说："你能告诉某某我们不能马上进行吗？""你知道明天某某会让我们实行'精彩行走'，对吧？"他们对微观管理者的一举一动都十分警觉，并且能意识到大量工作即将来临，因此，想出完美主意的喜悦之情肯定会被微观管理的压力抵消掉。

培训结束后，微观管理者便从人们眼前消失，在学校行政部门的某个办公室里努力工作着，独自一人起草计划、设计海报、草拟邮件。每所学校都有这样的管理者，如果能够很好地领导他们，他们的工作热情就能够被引导向正确的方向。但是，如果放任自流，他们便会在深夜忙乱的工作中毁掉无数好想法。

我还记得，有一次，某个微观管理者制定了一份"A4蓝图"，让所有教职员工同意将其作为一致遵守的日常做法，并在次日上午8点的员工大会上正式提出。过了一个星期，当我回到学校时，教职员工们厌恶地把它拿给我："我们不同意这个。""他只是在照搬你的方法。""这不是我们的想法！"很遗憾，我只能表示同意。但还好，这件事的影响很小，因为那位微观管理者很快就离开了，教职员工们终于有机会能一起协商着做出决定。有趣的是，几个星期前，我看到了这所学校在网络社交媒体上发布的一条信息：他们的检查结果非常出色。

以坚持赢得学生信任

肖恩看起来像个问题学生，事实也正是如此。第一次见到他时我还很年轻，没有经验，但他已经是个捣乱专家，可以在全班面前瞬间剥夺教师的尊严。肖恩针对的是教师，而不是规则，所以，为了阻止他的糟糕行为，我们花了很长时间来与他建立亲近的关系。

当时，来自当地某大学的一位实习教师和我一起工作，她看得出肖恩很难相处。旁听了几天后，她告诉我，我的课程是肖恩能容忍的少数课程之一。她担心自己很难管理他的不良行为，所以需要一种"行为管理策略"，可以"用在他身上"。我试着跟她解释说，相比其他学生，与肖恩相处要复杂得多，对其他学生有用的巧妙策略对他却毫无作用。我建议当她见到肖恩时，停下来和他问好。她不太愿意，但还是同意先坚持一个星期。

周末，她来参加我们的会议，看上去很失望。"没用，"她说，"他就是不理我。"我建议她再坚持一个星期，但她不为所动，"我已经照你说的做了，现在能教我一个行为管理策略吗？"我强迫她再坚持一个星期。这一次，肖恩对她的做法很感兴趣，当他看到她来的时候，转身就跑，尽量避开她。一个星期结束时，她再次要我教她"策略"，她可能以为我故意对她有所隐瞒。事实上，我确实掌握了改变行为的"神奇"方法，并且只有我知道。

"现在他就是在故意对我无礼！"她说。"不，不，不，"我回答道，"别这么想，他甚至都没跟你说话，你就觉得被冒犯了，再坚持一个星期……拜托。"她不愿意，但最终我还是成功地让她又坚持了几天。星期一，她在餐厅排队的时候跟肖恩打了招呼，他转过身去没有理她。星期二，她在学校门口见到了他，向他伸出了手，却被晾在一边。星期三，她在走廊里从他身边走过，他转头问她："你为什么一直跟我打招呼？"终于有了些希望，这或许是因为这个教师与众不同、或许是因为她没有轻言放弃、或许是因为她值得关注……

一星期后的某天，他们在餐厅里愉快地共进午餐。其他教师经过时十分震惊："呃，苏，你愿意来我们这桌吃午饭吗？""哦，不用了，谢谢。"

苏回答道，"我要和肖恩一起吃午饭。"又一个星期后，她接手了这个班。当苏在教室里叫大家安静时，肖恩把脸转向身边一个还在说话的学生："安静，这位老师很好，她很好。"

像肖恩这样的学生，会先追随他人，然后才遵守规则。如果你扔给肖恩一堆规则和处罚，他会嚼碎它们然后巧妙地吐回给你；如果你以谦虚、尊重和宽容的态度对待他，他最终会任你差遣。

30天承诺的点滴渗透让人无法抗拒，是你的习惯促成了学生的行为改变。在教学中，我们缺少的不是想法，而是实施想法的时间。如果你下定决心完成30天承诺，就把它写下来，放到能看到的地方以提醒自己、告诉他人，如果可以明确目标日期的话，也可以告诉学生。

30天承诺的13个示例

1. 与学生见面问好时与他们握手。

2. 让学生觉得自己很重要、很有价值，并很有归属感。

3. 使用表扬信。

4. 使用表扬板。

5. 简化规则。

6. 拒绝大喊大叫。

7. 首先关注表现良好的学生。

8. 不允许学生因为行为不端而出名。

9. 注意识别和表扬优秀行为。

10. 教学生一项新的、要求更高的3步常规。

11. 从行为干预中完全去除3种负面情绪。

12. 当学生固执己见时，花30秒时间进行干预。

13. 每天练习微剧本。

当然，独自一人作出的承诺可能会无缘无故地被放弃，因此，与2位同事一起做出的承诺更有可能实现，因为在你坚持不住时能得到他们的支持。看看你能不能想出一个可以与其他两位同事一起实现的计划或承诺。你们可以给予彼此力量，奋力坚持，在逆境中激励彼此不断前进。

以坚持巩固积极改变

在与一所遇到危机的学校合作时，我们帮助他们改变了行为管理原则和实践。通过一些富有挑战的培训，我们解决了在检查中被提出批评的问题，取得了迅速进步。一致性显著提高，学生和家长都松了一口气，因为单纯以处罚为目的的、随机的、无缘无故的处罚减少了，校园文化也明显发生了积极改变。然而，不到两个星期，校长就在电话里告诉我，他将恢复使用留校、隔离等处罚措施。"这行不通，"他有点绝望地说，"当地的督导说没有效果，让我们重拾处罚措施！"

他透露，在实行新的行为管理原则后，5名学生的行为变本加厉，引发了很多问题，所以督导认为新原则完全是无稽之谈。没有人在乎另外785名举止得体、热心助人、彬彬有礼、准时上课的学生。这5名学生在原来的管理办法之下已经出名，往往一出现就会立刻引起关注。但现在，没有人对他们大喊大叫，每位教师都在采用剧本式处理方法处理他们的问题。这5名学生因为自己的不良行为不再像以前那样有关注度，所以变本加厉，试探是否可以激怒教师。这种逐渐升级的恶劣行为被看作是新的行为管理系统崩溃的迹象，但事实上却说明效果正佳。"继续坚持，"我告诉他，"你正处于最艰难的时刻，需要继续前进。他们变本加厉，试图让你重蹈覆辙，因为他们不喜欢这种改变，他们渴望像曾经一样得到关注。你要坚持自己的方向。"

还好，他听取了我的强烈建议，并照做了。尽管那些自认为更了解他的人对他施压，但他仍然不为所动。带着校长的关爱和对那5名学生的谨慎支持，学校渡过了难关。反对改变的学生平静了下来，教职员工们能看到他们行为上的改善，因此学校也蒸蒸日上。现在，督导会带着人们参观这所学校，把这所学校的积极改变作为成功案例。但其实，这所学校差点就退回到曾经的糟糕样子。

我想知道有多少学校和班级曾因为过早放弃或太快改变工作重点而与成功擦肩而过。要想学校或班级得到真正的改变，只需30天，但是大多数人没到10天就放弃了。

实践清单

注意事项

◆ 不要制定30天内无法实现的目标。在一所行为问题严重的中学里，"让每个学生都表现得完美无瑕"是不切实际的。在某些情况下，"管好自己"可能更容易实现。

◆ 以解决学生的问题为目标。注意不要传达你关于改变的焦虑："如果你不能好好排队，我们就不能在下个星期五前达成目标。"你的时间压力不应该转移给学生们。

◆ 不要到第30天时立即放弃。对于某些课程、某些学生、某些情况，你可能需要30多天来完成目标。当你坚持满30天的时候，反思一下完成的进度，是90%还是20%？答案将决定下一步行动。很多人还没等新行为和新习惯形成就已经放弃了。

锦囊妙计

◆ 写下当前问题的大致内容，秉持实事求是的原则，记录数据或证据。当你面临困难，感到什么都没有变得更好时，这份记录将成为重要的依据。反思你的起点能让你明白：即使不良行为反弹，你仍然取得了不小的进步。

◆ 选择一个别具意义的地方，与同事分享30天承诺取得的进展，并庆祝你们的进步。出人意料的是，把数据贴在厕所门背面或教师公文筐里的甜点袋上效果极佳。

结 语

关注教育工作者的行为是唯一可靠的方法。思想成熟的成年人能灵活应变，面对困境时能沉着冷静地处理，同时又极具耐心、擅于鼓励、和蔼可亲。即使被愤怒困扰，他们依然会确保每个学生的安全。他们能冷静客观地与学生建立融洽的关系和情感联系。他们对学生总是有很高的期望，永远不会因为一个学生的不良行为而降低要求。在面对难以管理的行为时，他们总是在试图控制他人之前先做到控制自己。

如果学校里充满了这样的教育工作者，那么学校的未来将一片光明。

致 谢

感谢以下不畏困难、全心投入的英雄们：

多萝西·特拉塞尔、曼迪·赫斯特、凯文·巴坎·辛格、罗斯·麦吉尔、大卫·利索夫斯基、保罗·摩根、玛格丽特·法瑞尔、菲奥娜·华莱士、玛丽亚·戴维斯、莎伦·帕斯科、希莫斯·奥茨、亚历克斯·阿瑟顿、丹尼尔·奥康纳、莎拉·基尔南。

《从优秀教师到卓越教师：极具影响力的日常教学策略》

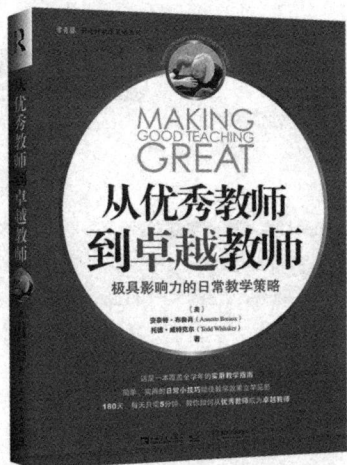

作 者：[美]安奈特·布鲁肖
　　　　托德·威特克尔
ISBN：978-7-5153-1237-8
开 本：16
页 码：336
定 价：33.80元

★ 高效：一天一个简单易学的方法，5分钟就能让你的教学效果"立竿见影"

★ 实用：180天，闲暇之时就能轻松学习新理论、新方法、新智慧

★ 专业：美国备受欢迎的教育家与数千名卓越教师的无私分享，让你获得崭新的教学视野

★ 影响力：美国教育界称赞的教师培训项目二十余年的宝贵经验

　　本书是一本覆盖全学年的实用教学指南，一共包含 180 天，几乎覆盖了整个学年的教学时间，每一天为教师提供一个与教学相关的方法、策略或者行动建议，以提高教学的有效性。教师每天只需花几分钟的时间，就能获得新进步、新收获。

　　作为一名教师，由于肩负着众多的责任，所以很容易顾此失彼，看重一些我们本无须看重的东西，忽略一些我们本不该忽略的东西。因此，每一天，我们都需要提醒自己做自己该做的事情。本书将在你教学的每一天为你送上温馨的提醒、善意的建议、周全的行动计划。

像冠军一样教学：
引领学生走向卓越的62个教学诀窍

ISBN：9787515343488
作者：[美] 道格·莱莫夫
2016-9　定价：49.00元
上架建议：畅销书　教师用书

入选《中国教育报》2016年度"教师喜爱的100本书"
入选中国教育新闻网2016年度"影响教师的100本书"

- 只要掌握技巧，没有教不会的学生
- 一套已被证明适合大多数学校和课堂的实用教学工具
- 《纽约时报》《华盛顿邮报》《大西洋月刊》等权威媒体重磅推荐
- 伟大的教师不是天生的，而是后天造就的。事实上，每一位教师都可以选择加倍努力来完善自己，最终成为你想成为的教师。本书涉及的62个教师技巧，一直被大多数教师实践，所有很好地遵循了这些方法的教师都成功地掌控了自己的课堂

内容简介：

　　《像冠军一样教学：引领学生走向卓越的62个教学诀窍》的作者多年来一直细心观察教学成效出色的冠军教师，从他们的教学技巧中整理归纳出一套实用的教学手册，清晰易懂又容易上手，能帮助新手教师更快进入状况，快速提升教学效果；帮助老教师直达教育本质，沉淀教学精华；帮助学生发挥更大潜力，在未来拥有更多机会。

　　全书在一个个引人入胜的教学案例中，为教师提供了62个操作简便、高效实用的教学技巧，每章末均附有切实可行的培训练习，帮助教师进一步理解和反思他们的教学行为，以更好地引导学生专注学习，发挥更大潜力。

作者简介：

　　道格·莱莫夫是美国作家、教育家、著名教师培训导师，毕业于哈佛大学。

　　他在观察几千堂"不可思议"的高效课堂后，归纳出冠军教师所需要的62个教学诀窍，他关于教学的理念和方法，一直被大多数教师实践，所有很好地遵循了这些方法的人，都成功地掌控了自己的课堂和生活，并从中获得了快乐和幸福。

　　他还撰写了《刻意练习：如何成为一个高手》。

高度参与的课堂：提高学生专注力的沉浸式教学

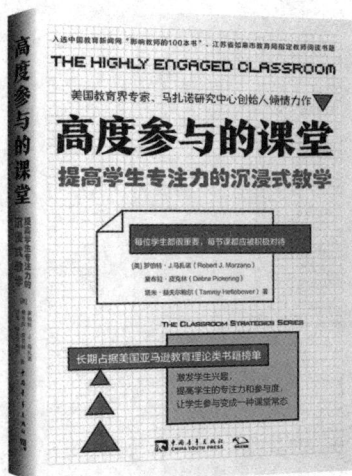

ISBN：978-7-5153-5752-2
作者：[美] 罗伯特·J. 马扎诺
　　　黛布拉·皮克林
　　　塔米·赫夫尔鲍尔
定价：39.90元

- 入选中国教育网2019年度"影响教师的100本书"
- 让学生参与变成一种常态

◎ 美国教育界专家、马扎诺研究中心创始人倾情力作
◎ 帮助教师更轻松管理课堂，帮助学生更容易融入课堂

内容简介：

　　本书涉及的课堂实践可以积极地影响学生的专注力和参与度。学生在课堂上的高度参与显然是高效教学的核心方面之一。如果学生不积极参与，他们就几乎没有机会学到课堂上的知识。利用本书中提出的实用性建议，每位教师都可以创造一个课堂环境，让学生对以下四个问题产生积极应答，让学生参与变成一种课堂常态：

　　·我感觉如何？　　　　·我感兴趣吗？　　　　·这重要吗？　　　　·我能做到吗？

　　本书阐述了教学视角的根本性改变。"我感觉如何"关乎学生情感，"我感兴趣吗"关乎课堂吸引程度，这两个问题和专注力有关。"这重要吗"探讨学生如何将课堂目标与个人目标联系起来，"我能做到吗"说的是如何培养学生的自我效能感，这两个问题涉及长期的课堂参与，对这两个问题的解决，也为教师、学校开辟了新的教学视角。除了专注于教授学生学术内容，教师还应让学生意识到，他们认为什么是重要的，以及他们的思维模式如何对他们的生活产生积极或消极的影响。这种意识可以帮助学生学到更重要、更具影响力的知识。

作者简介：

　　罗伯特·J. 马扎诺博士，美国教育界专家，马扎诺研究中心联合创始人兼首席执行官，著名演讲者、培训师和作家。他将崭新的研究和理论转化为课堂实践，在国际上广为人知，并被教师和管理人员广泛应用。

　　黛布拉·皮克林博士，马扎诺研究中心高级学者，致力于为众多学校和地区提供教育咨询。作为一名课堂教师、教育界领导者和学区行政管理人员，皮克林博士在其整个教育生涯中获得了丰富的实践经验。

　　塔米·赫夫尔鲍尔博士，马扎诺研究中心副总裁，同时也是一名教育顾问。赫夫尔鲍尔博士在密苏里州堪萨斯城开始了她的教学生涯，后来搬到内布拉斯加州，在那里获得了地区杰出教师奖。